W0179262

Duden –
Vernäht und zugeflixt!

Herausgegeben von der Deutschen Gesellschaft für Sprachwissenschaft
(DGfS) durch Prof. Dr. Miriam Butt und Dr. Markus Steinbach

Vernäht und zugeflixt!

Von Versprechern, Flüchen, Dialekten & Co.

Ilse Achilles und Gerda Pighin

Dudenverlag
Mannheim · Leipzig · Wien · Zürich

Redaktionelle Bearbeitung Dr. Christine Tauchmann
Herstellung Monika Schoch

Die **Duden-Sprachberatung** beantwortet Ihre Fragen
zu Rechtschreibung, Zeichensetzung, Grammatik u. Ä.
montags bis freitags zwischen 08:00 und 18:00 Uhr.
Aus Deutschland: 09001 870098 (1,86 € pro Minute aus dem Festnetz)
Aus Österreich: 0900 844144 (1,80 € pro Minute aus dem Festnetz)
Aus der Schweiz: 0900 383360 (3,13 CHF pro Minute aus dem Festnetz)
Die Tarife für Anrufe aus Mobilfunknetzen können davon abweichen.
Unter www.duden-suche.de können Sie mit einem Online-Abo auch
per Internet in ausgewählten Dudenwerken nachschlagen.
Den kostenlosen Newsletter der Duden-Sprachberatung können Sie
unter www.duden.de/newsletter abonnieren.

Bibliografische Information der Deutschen Nationalbibliothek
Die Deutsche Nationalbibliothek verzeichnet diese Publikation in der
Deutschen Nationalbibliografie; detaillierte bibliografische Daten
sind im Internet über http://dnb.ddb.de abrufbar.

Das Wort Duden ist für den Verlag
Bibliographisches Institut & F. A. Brockhaus AG als Marke geschützt.

Typografie Raphaela Mäntele, Heidelberg
Umschlaggestaltung Sven Rauska
Satz tiff.any GmbH, Berlin
Druck und Bindung Graphische Betriebe Langenscheidt, Berchtesgaden

Printed in Germany
ISBN 978-3-411-70356-2
www.duden.de

Vorwort

Stellen Sie sich vor, die Angehörigen eines Indianerstammes irgendwo in Südamerika erkennen, dass das Spanische die Sprache der Wirtschaft und der Politik in ihrem Land ist und somit die Sprache ihrer Zukunft. Die eigene Sprache, so schön sie auch klingen mag, so vertraut man sich auch in ihr ausdrücken kann, verspricht keine Vorteile für die nahe Zukunft. Also beschließen die Erwachsenen, ihrem Nachwuchs Spanisch beizubringen. Sie reden mit allen Kindern nur noch Spanisch – so gut sie es können – und vermeiden die eigene Sprache.

Innerhalb einer Generation spricht kein Mensch mehr die Sprache des Indianerstammes. Desillusioniert von dem modernen Leben beklagen die Enkelkinder diesen Zustand, möchten zur Kultur und Sprache der Vorfahren zurückfinden, können das aber nicht, denn kein Sprachwissenschaftler hatte die Sprache des Stammes vor dem Sprachsuizid auch nur ansatzweise dokumentieren können.

Ein Schreckensbild? Nein, leider ein ganz alltägliches Ereignis. Von den ca. 6 400 Sprachen und Dialekten, die heute noch auf der Welt gesprochen werden, ist eine Vielzahl bedroht: Es wird geschätzt, dass ein Drittel noch in den nächsten Jahrzehnten aussterben wird.

Wenn man den deutschen Medien Glauben schenken soll, dann gehört auch das Deutsche zu diesen Sprachen. Schon immer, aber in den letzten Jahren mehr als je zuvor, wird der Niedergang der deutschen Sprache beklagt. Den Warnungen der selbst ernannten Sprachpfleger in den Feuilletons der Tageszeitungen und Nachrichtenmagazine nach ist das Deutsche in höchster Gefahr. Unsere Sprache sei vom Aussterben bedroht, weil niemand sie noch richtig anwende, Anglizismen sie überwucherten und die Werbung, wenn überhaupt Deutsch, dann falsches Deutsch zu eingängigen Reklamesprüchen nutze – nach dem Motto: Hier werden Sie geholfen!

Was die Sprachpfleger aber übersehen: Es gehört zu den Eigenschaften einer lebendigen natürlichen Sprache, dass sie sich für Sprachspielereien wie in Werbesprüchen eignet, dass sie sich anpassen kann, Neues aufnimmt, Altes abwirft und so den Bedürfnissen der Menschen gerecht wird, die sie sprechen. Wir Menschen sind das flexibelste und anpassungsfähigste Wesen auf der Erde – wir haben uns über den ganzen Planeten ausgebreitet, kommen mit den unterschiedlichsten Witterungen und Nahrungsquellen zurecht und unsere technologischen Errungenschaften verändern unsere Umwelt nahezu tagtäglich. Wie wäre es denn aber um uns bestellt, wenn wir mit einer Sprache geschlagen wären, die sich nicht mit uns und unseren Anforderungen ändern kann? Eine Sprache zu verändern und anzupassen bedeutet jedenfalls nicht, sie aufzugeben oder ihr Aussterben zuzulassen. Daher ist das Deutsche vom Untergang weit entfernt.

Diese und andere Erkenntnisse, z. B. wie Kinder eine Sprache lernen, wie Sprachwandel funktioniert, wie und ob Computern das Kommunizieren mit natürlichen, menschlichen Sprachen statt mit künstlichen Computersprachen beigebracht werden kann und noch viele andere Themen gehören mittlerweile zum Basiswissen der Sprachwissenschaftler in Deutschland wie in anderen Ländern. Wie bei vielen Wissenschaften bleiben aber viele dieser gewonnenen Erkenntnisse im Elfenbeinturm der Wissenschaft sicher verwahrt und werden dort ausgiebig gehegt und gepflegt. Das Licht der breiten Öffentlichkeit erreichen sie leider viel zu selten.

Um dieser Tendenz entgegenzuwirken, beschloss die Deutsche Gesellschaft für Sprachwissenschaft (DGfS), das vorliegende Buch in Auftrag zu geben. Die beiden bekannten Autorinnen Ilse Achilles und Gerda Pighin geben einen unterhaltsamen und spannenden Einblick in verblüffende wissenschaftliche Erkenntnisse, die uns Aufschluss über unseren sprachlichen Alltag geben. Dazu gehören Versprecher, der Status von Dialekten, der Sprachwandel, der Umgang mit Fremdwörtern, der kindliche Spracherwerb, die Jugendsprache, die Mehrsprachigkeit, die »Kunst« des richtigen Fluchens, die Probleme mit

maschineller Übersetzung und die Geheimnisse der Gebärdensprache. Alle Kapitel sind in enger Zusammenarbeit mit Experten der DGfS
entstanden. Manche der in den Kapiteln diskutierten Themen werden
auch immer wieder in der Presse angesprochen, aber den Stand der
sprachwissenschaftlichen Erkenntnisse reflektieren diese Darstellun-
gen und Diskussionen oft nur unzureichend.

Es gibt natürlich noch sehr viel mehr spannende und gesellschaftlich
wichtige sprachwissenschaftliche Themen, über die geschrieben werden könnte, z. B., wie unser Sprachvermögen tatsächlich in unserem
Gehirn kodiert ist, wie Fremdsprachen vermittelt werden sollen oder
wie das Aussterben einer Sprache verhindert werden kann. Hätte der
eingangs diskutierte Indianerstamm kundige Sprachwissenschaftler
zur Hand gehabt, dann wäre den Stammesangehörigen klar gewesen,
dass es für Kinder eine überaus leichte Übung ist, mehrere Sprachen
gleichzeitig zu lernen. Der Stamm hätte also seinen Kindern sowohl
Spanisch als auch die eigene Sprache beibringen und so deren Aussterben innerhalb einer Generation verhindern können.

Wir hoffen, mit diesem Buch und den Themen, die wir dafür ausge-
sucht haben, den Lesern wichtige und gesellschaftlich relevante Erkenntnisse der Sprachwissenschaft nahezubringen und gleichzeitig
einen spannenden, interessanten und unterhaltsamen Ausflug in das
wirklich erstaunliche Phänomen der menschlichen Sprache zu ermöglichen.

Zu manchen Kapiteln gibt es Interviews mit den Experten der DGfS.
Die Interviews finden Sie unter www.dgfs.de.

Oktober 2007

Für die Deutsche Gesellschaft für Sprachwissenschaft (DGfS)

Prof. Dr. Miriam Butt   *Dr. Markus Steinbach*
Konstanz   Mainz

Prof. Dr. Richard Wiese
Marburg (1. Vorsitzender der DGfS)

Inhaltsverzeichnis

12 1. Kapitel

Der Papstbesuch war geil!

Wie die Sprache verludert und verschludert · Bloß keine
Panik, sagen Linguisten · Veränderungen sind spannende
Prozesse · Wörter verändern ihre Bedeutung · Neue Wörter kommen, alte geraten in Vergessenheit · Sprachwandel
heißt auch Lautwandel · Auch die Grammatik verändert
sich · Das große Warum – nur teilweise beantwortet · Wie
Linguisten den Sprachwandel erforschen

29 2. Kapitel

Peace, Alter, ich wollte dich nicht dissen, ey!

Jugendliche sind respektlos, wenn es um Regeln geht · Medien übernehmen schnell und gern Begriffe aus der Jugendsprache · Immer geht es um Abgrenzung und Nähe · Kanak
Sprak behalten die Jugendlichen auch als Erwachsene bei

38 3. Kapitel

Dialekt sprechen nur die Dummen? Dialekt macht schlau!

Dialekte sind Sprachen · Eine lange Geschichte · Große
Vielfalt · Dialekt und Sprachkompetenz

50 4. Kapitel

Vom richtigen Schreiben

Die Bcuhstbaenrehenifloge in eneim Wort ist eagl · Das Beherrschen der Rechtschreibung gehört zum guten Ton · Im
Lehrbetrieb und in der Verwaltung gelten die amtlichen Regeln · Ein Blick über den Zaun · Die deutsche Rechtschreibung hat viele Spezialitäten · Die deutsche Sprache treibt
ständig Knospen, Blüten und neue Triebe · Jetzt zählen Kürze und Tempo · Emoticons bringen die Gemütslage auf den
Punkt

67 5. Kapitel

Warum Babys alle Sprachen können

Schon Neugeborene erkennen Sprache · Sprechen lernen –
eine komplexe Aufgabe · Alle haben die gleichen Voraussetzungen · Babys lallen in ihrer Muttersprache · Große
Leistung: Aufbau des Lexikons · Ohne Grammatik geht
nichts · Kinder brauchen Input

82 6. Kapitel

Zwei, drei Sprachen? Je früher, desto besser!

Die meisten Menschen können mehr als eine Sprache · Viele
Wege führen zur Mehrsprachigkeit · Kinder lernen anders · Aber wie geht es richtig? · Model »eine Person – eine
Sprache« · Model »Familiensprache – Umgebungssprache« · Model »in einer Fremdsprache erziehen« · Wie
schaffen Kinder den mehrfachen Spracherwerb? · Sind
mehrsprachige Kinder besser in der Schule? · Können
Kinder mehrere Sprachen gleich gut lernen? · Ideal: In
jeder Sprache schreiben lernen

97 7. Kapitel

Was Schreiben mit Algebra zu tun hat

Eine lange Geschichte der Schrift · Buchstaben und Laute · Kinder müssen Regeln entdecken · Legasthenie – was
ist das? · Problemfall Unterricht · Die Botschaften der
Schrift · Neue Methoden braucht die Schule

115 8. Kapitel

Keine Angst vor fremden Wörtern

Was Fremdwörter ausmacht · Wie Fremdwörter einwan-
dern · Anglizismen – wirklich so schlimm? · Import – Ex-
port – und zurück · Wie Fremdwörter »eingebürgert«
werden · Wozu Fremdwörter nützlich sind

134   9. Kapitel

Himmelherrgottsakranochamal!
Was Fluchen mit Nationalität zu tun hat

Die verbale Aggression ist Balsam für die Seele des Schimpfenden · Schon Dreijährige sagen gern und herzhaft »sseisse« · Der Unterschied zwischen Schimpfen und Fluchen wird immer kleiner · Schimpfwörter haben viele Quellen · Im Internet kann man sich über Neuzugänge auf dem Laufenden halten · Das Fluchen hat seinen Ursprung im Schwören · Durch Euphemismen werden Flüche entschärft · Die Deutschen sind eher fantasielos im Schimpfen und Fluchen · Eine Sache für sich: die »motherfucker«-Kultur · Zurückschimpfen oder klein beigeben? Das ist Charaktersache

149   10. Kapitel

Hier freute irrt

Versprecher sind demokratisch. Sie kennen keine Standesunterschiede · Wir sprechen nach Regeln, wir versprechen uns auch nach Regeln · Über 100 Jahre alt, aber immer noch voller Überraschungen · Für Psychiater der Blick ins Unbewusste, für Linguisten ein »Nachklang« · Wir haben in unserem Kopf einen Grammatikbauplan · Verstanden wird man trotz Versprechens tadellos · Vom Mann, der erst mit seiner Frau schlafen wollte · Manchmal fällt einfach ein Laut aus · Wie bringt das Gehirn Sprache auf die Zunge? · Am Anfang steht die grammatische Form · Ähnlich spannend wie Versprecher sind ihre Korrekturen

162   11. Kapitel

Die Geheimnisse der fliegenden Hände

Linguisten müssen umlernen · Im Erfinden von »Spitznamen« sind Gehörlose nicht zimperlich · Das Verb kommt
immer zum Schluss · Verblüffend: Die Gebärdensprache ist
vierdimensional · Kinder erlernen die Gebärdensprache
mühelos · Gehörlose Kinder mussten in der Schule auf ihren Händen sitzen · Gehörlose fallen sich nicht ins
Wort · Chöre sind visuelle Sinfonien · Gebärdende gebärden Dialekt · Versprechen kann man sich auch mit den
Händen · Stolpersteine gibt es reichlich · Prima Idee: Gebärdensprache als Fremdsprache lernen

180   12. Kapitel

Warum aus »Ich bin ein Berliner«
immer seltener »I am a doughnut« wird

Beim Schachspiel sind Computer Weltmeister · Oft ergibt
sich der Sinn nur aus dem Zusammenhang · Der Bedarf an
Übersetzungen wächst ständig · Der erste Schritt ist, Sätze
präzise in ihre Bestandteile zu zerlegen · Fehlerquellen gibt
es reichlich · 25 Wörter pro Satz sind optimal · Auch münd-
lich will man sich spontan und direkt in Fremdsprachen
verständigen können · Haupteinsatzgebiet ist der Tourismus

Der Papstbesuch war geil!

Wie die Sprache verludert und verschludert

Längst ist der Ausdruck *geil* der Jugendsprache entwachsen und man kann ihn heute sogar mit seiner Heiligkeit, dem Papst, in Verbindung bringen. Nur noch Angehörigen der Groß- oder Urgroßelterngeneration verschafft das einstmals sehr unanständige Wort rote Ohren. Heute kann man auch von honorigen Erwachsenen *geil* hören, wenn sie etwas großartig, toll oder im positiven Sinne aufregend finden. Das Wort hat seine anrüchig sexuelle Bedeutung abgelegt und ist beinahe gesellschaftsfähig geworden. Kaum jemand regt sich noch darüber auf.

Ganz anders bei vielen anderen sprachlichen Veränderungen. Da wird allenthalben geklagt, wie sehr unsere Sprache verludert und verschludert, verschlampt und verfällt. Tatsächlich kann aufmerksamen Beobachtern so einiges auffallen: In Werbesendungen hören wir »da werden Sie geholfen«. Vom Bäcker wird gesagt, »er backte« frische Brötchen, das ursprüngliche »buk« ist schon fast ausgestorben. Formen wie »rief«, »sprach«, »ging« werden heute häufig durch »hat gerufen«, »hat gesprochen«, »ist gegangen« ersetzt und damit dem Untergang geweiht. Selbst Sätze wie »rettet dem Deutsch« oder »sie bedarf dem Trost« bringen nur noch wenige Menschen zum Kopfschütteln.

Hinzu kommen die zahlreichen Ausdrücke und Redewendungen aus dem Englischen und Amerikanischen oder die Mischung aus englischen Wörtern und deutscher Grammatik. Brötchen kann man jetzt etwa »im Backshop« kaufen, unterhalten wird man in »hippen Locations« und telefoniert wird mit dem »Handy«, das in englischsprachigen Ländern »cellphone« oder schlicht »mobile« heißt.

Verkürzungen, Verunstaltungen, Unsauberkeiten, die unsere Sprache da ertragen muss. Ist sie deshalb dem Untergang geweiht, wie viele befürchten? Ist sie gar vom Aussterben bedroht? Müssen wir womöglich bedrohte Wörter retten, wie Bodo Mrozek, Autor des »Lexikons bedrohter Wörter«, vorschlägt? Müssen wir aufhören, schöne, alte deutsche Ausdrücke wie Abspielgerät, Blumenkind oder Hausgemeinschaft aus dem Sprachgebrauch zu mobben, wie in einer Tageszeitung gefordert wurde?

Lohnt es sich gar, einen »Sprach-Wertstoffhof« zu betreiben, wie Axel Hacke, Autor des SZ-Magazins, der dort abgelegte Wörter sammelt, um sie später einmal wieder zu verwenden. Eine sehr amüsante Idee, die jedoch die vielen Bedenkenträger in Sachen Sprachverfall kaum beruhigen wird.

Landauf, landab sind Klagen zu hören und zu lesen. Beinahe jede Tageszeitung unterhält eine Kolumne, in der regelmäßig die dramatische Verunstaltung unserer Sprache beweint und mit zahlreichen Beispielen belegt wird. Das Magazin »Der Spiegel« rief zur Rettung von »dem Deutsch« in einer umfangreichen Titelgeschichte auf. Vereine haben sich gegründet, die es sich zur Aufgabe gemacht haben, die deutsche Sprache zu bewahren und zu retten, was noch zu retten ist. Auf zahlreichen Internetseiten kann man lesen, wie es auf Deutsch richtig heißt, und viele Bücher zu diesem Thema sind derzeit wahre Verkaufsschlager. Lehrer, Philologen, Germanisten, Wirtschafts- und Sozialwissenschaftler, Psychologen, Philosophen, Journalisten und Autoren haben sich schon zu dem »Problem« Sprachwandel, Sprachveränderung geäußert – alle mehr oder weniger besorgt.

Bloß keine Panik, sagen Linguisten

Aber was sagen die dazu, die es am allerbesten wissen müssen, die Sprachforscher? Sind Linguisten, also Wissenschaftler, die sich mit der Sprache als System und als Mittel zur zwischenmenschlichen Kommunikation beschäftigen, über die Veränderung unserer Sprache ebenso entsetzt und besorgt wie viele andere?

Ganz klar: Nein.

Niemand streitet ab, dass sich unsere Sprache verändert. Im Zuge der Globalisierung und technischer Neuerungen wie elektronischer Post (E-Mail) und Kurzmitteilung übers Mobiltelefon (SMS) schreiten Veränderungen möglicherweise rascher voran und werden schneller bemerkt als früher. Doch Sprache verändert und wandelt sich, seit Menschen sprechen. Sogar die Kunstsprache Esperanto, die als Verständigungsmittel über alle Sprachen hinweg erfunden wurde, verändert sich rasant und bildet bereits Ausnahmen von den Regeln.

Für die Wissenschaftler gehören deshalb Veränderungen dazu. Das ist kein Grund zur Aufregung und völlig normal, sagt Miriam Butt, Professorin für allgemeine Sprachwissenschaft an der Universität Konstanz. Sprachwandel gehört zu ihren Forschungsschwerpunkten.

Gesprochene Sprache ist wie ein lebendiger Organismus, der sich ständig verändert. Das trifft natürlich auch auf unsere deutsche Hoch- und Schriftsprache zu, ebenso auf die vielen unterschiedlichen Mundarten, die landauf, landab im deutschen Sprachraum gesprochen werden (siehe auch das Kapitel über Dialekte).

Wäre dies nicht der Fall oder wäre es Sprachbewahrern gelungen, Veränderungen aufzuhalten, würden wir heute vielleicht noch Alt- oder Mittelhochdeutsch oder gar Germanisch sprechen.

Dabei war Althochdeutsch noch keine einheitliche Sprache, sondern ein Gemisch aus vielen Dialekten. Mittelhochdeutsch war die Sprache der Minnesänger und stolzen Rittergeschlechter. Zu den berühmtesten Vertretern dieser Epoche gehört der Lyriker Walther von der Vogelweide (ca. 1170 bis 1230), der solche Gedichte schrieb:

Under der linden an der heide
dâ unser zweier bette was,
dâ mugt ir vinden
schöne beide gebrochen bluomen unde gras.
vor dem walde in einem tal –
tandaradei!
schöne sanc diu nahtegal.

Alles verstanden? Die Übersetzung lautet:

Unter der Linde an der Heide
wo unser beider Bette war,
dort könnt ihr finden beides,
liebevoll gebrochen Blumen und Gras
vor dem Walde in einem Tal. Tandaradei!
Sang schön die Nachtigall.

Kein Spracherhalter und -bewahrer würde aber ernsthaft fordern, dass wir uns immer noch wie die Minnesänger an den mittelalterlichen Ritterhöfen oder wie im Nibelungenlied unterhalten, wo es am Ende heißt: »hie hât das maere ein ende: daz ist der Nibelunge liet« (hier hat die Geschichte ein Ende: das ist das Lied von den Nibelungen).

Niemand wird vermutlich auch nur eine Sekunde die Meinung vertreten, dass dieser vielfache Wandel nicht hätte geschehen dürfen. Und trotzdem gibt es in jeder Gegenwart warnende Stimmen. Nicht nur der Sprachwandel ist so alt wie die Sprache selbst. Auch die Angst vor einer Veränderung der Sprache hat eine lange Tradition.

Veränderungen sind spannende Prozesse

Die meisten Sprachwissenschaftler gehören nicht zu denen, die über Veränderungen der Sprache jammern.

Sprache entsteht, entwickelt sich, verändert sich – und stirbt bedauernswerter Weise auch, wenn es niemanden mehr gibt, der sie spricht, und sie nicht aufgezeichnet ist, erklärt Professor Butt. Das ist ihrer Meinung nach auch das Einzige, was man verhindern sollte.

Der Wandel und die Veränderungen hingegen – haben sie der Welt nicht schon viele wohlklingende und schöne Sprachen beschert? Was ist beispielsweise Französich, Spanisch oder Italienisch anderes als »schlampiges« Latein?, fragt die Expertin.

Doch trotz dieser Gelassenheit der Tatsache gegenüber, dass sich Sprache verändert, sind die Wissenschaftler am Wandel interessiert. Denn es gibt ganz natürliche Prozesse, erklärt Professor Butt, nach

denen sich solche Veränderungen vollziehen. »Künstlich« einge-
brachte Neuerungen oder Regelungen »von oben« sind dagegen oft
vom Scheitern bedroht, wenn sie nicht natürlich gewachsen sind.

Linguisten wollen die Sprache nicht festschreiben oder in ein Regel-
korsett zwängen. Vielmehr untersuchen und beobachten sie Sprache
und ihre Entwicklung, dokumentieren, wie Sprache funktioniert, suchen nach Gemeinsamkeiten und Systemen, um möglicherweise
Entwicklungen sogar voraussagen zu können. Sie stellen Verwandt-
schaften, Stammbäume und Ursprünge fest.

Sprachwandel geschieht auch nicht plötzlich über Nacht. Vielmehr
vollzieht er sich langsam, meist über eine lange Zeit hinweg. Deshalb
fällt er vielen Sprechern auch nicht weiter auf. Und die Generationen
haben keine Probleme, sich untereinander zu verständigen. Wenngleich sich die Mitglieder einer Generation besser verstehen als diejenigen unterschiedlicher Generationen (siehe auch das Kapitel über
Jugendsprache).

In jeder Zeit existieren »alte« und »neue« Formen einer Sprache
gleichzeitig. Erst nach ca. 100 oder 200 Jahren kann die Veränderung
so drastisch sein, dass die Menschen die frühere Form nicht mehr
verstehen – siehe Althochdeutsch oder Mittelhochdeutsch, für das
heutige Menschen eine Übersetzung benötigen.

Der Zeitraum solcher Veränderungen kann sich auch erheblich länger
hinziehen. So verstehen beispielsweise im arabischen und griechischen Sprachraum heutige Sprecher immer noch die »alte« Sprach-
form. Vielleicht nicht alle – aber immerhin ein großer Teil. Auch gebildete moderne Pakistani sind in der Lage, das Urdu zu lesen, das um
1500 geschrieben wurde.

Eine wichtige Frage, die sich die Wissenschaft stellt, ist: Welche Prozesse sind es, die Sprache verändern? Eine weitere wichtige Frage ist:
Warum verändert sich Sprache? Schließlich ist Sprache ein System.
Und wenn dieses System funktioniert, was es offensichtlich tut, warum
verändert es sich dann?

Der Wandel ist vielschichtig.

Wörter verändern ihre Bedeutung

Bedeutungswandel hat viele Ursachen: kulturgeschichtliche, politische, soziale und psychologische Faktoren kommen dafür infrage. Im Einzelnen ist es für Wissenschaftler oft unmöglich, den Vorgang restlos zu klären. Es kann wirklich so banal beginnen, dass irgendjemand damit anfängt, ein Wort in einem anderen Sinn zu gebrauchen. Dann passiert entweder überhaupt nichts oder andere ahmen es nach, und wie ein kleiner Schneeball zur Lawine werden kann, wird das Wort von immer mehr Menschen in dem neuen Sinn gebraucht – oft so lange und intensiv, bis die alte Bedeutung vergessen ist.

Der Wandel, den eine Wortbedeutung durchmachen kann, vollzieht sich meistens auf die folgende Art und Weise: Ein Wort kann mehrere Bedeutungen dazubekommen, dann nennt man dies eine Bedeutungserweiterung. Wird die ursprüngliche Bedeutung eingeengt, spricht man von einer Bedeutungsverengung. Möglich ist auch ein »sozialer« Aufstieg oder Abstieg in der Bedeutung. Schließlich kann sich die ursprüngliche Bedeutung vollständig verlieren und das Wort zur Metapher werden. Das heißt dann Bedeutungsverschiebung. Beispiele:

Erweiterung: *Horn* – früher ausschließlich ein Stirnauswuchs, heute auch ein Blasinstrument. *Bird* – im Altenglischen ein junger Vogel, heute die Bezeichnung für Vogel allgemein.

Verengung: *Hochzeit* – früher generell ein Fest der Freude, eine »hohe Zeit« eben, heute ausschließlich das Fest der Eheschließung. *Deer* – im Altenglischen für Tier, heute bezeichnet es nur noch das Reh.

Aufstieg: *Marschall* – ursprünglich ein Pferdeknecht, dann über Stallmeister, Hofbeamter, oberster Befehlshaber im 16. und 17. Jahrhundert schließlich höchster militärischer Rang. Englisch *knight* hieß einfach nur Knecht und bedeutet heute Ritter.

Abstieg: *Dirne* – zuerst eine unbescholtene junge Frau, heute genau das Gegenteil. Aus dem englischen *knave* für Knabe wurde mit der Zeit ein Schurke. Die altenglische Hausfrau *(huswif)* mutierte bis in heutige Zeit zur Schlampe *(hussy)*.

Ob die Bedeutung eines Wortes einen Aufstieg oder Abstieg erfährt, hängt stark von den sozialen Gegebenheiten ab. Der Aufstieg ist jedenfalls deutlich seltener als der Abstieg.

Verschiebung: *Fuchtel* – bezeichnete zuerst einen Degen mit breiter Klinge, später auch einen Schlag mit der flachen Klinge. Da dies im preußischen Heer eine übliche Bestrafung war, wurde das Wort zum Sinnbild für *strenge Zucht* (»unter der Fuchtel stehen«).

Neue Wörter kommen, alte geraten in Vergessenheit

Ein wesentlicher Grund für die Veränderung, vor allem die Erweiterung des Wortschatzes ist die Veränderung der Umwelt. Neue Dinge und neue Situationen brauchen neue Wörter und Bezeichnungen. *Rolltreppe* zum Beispiel. Das Wort entstand, als 1900 diese technische Neuerung zum ersten Mal auf der Pariser Weltausstellung gezeigt wurde. Auch *Fotografie* ist so ein Beispiel oder *Flugzeug, Datenverarbeitung, Anrufbeantworter, Autobahn, Kreditkarte, Zahnimplantat.*

Politische Verhätnisse können neue Begriffe hervorbringen: *Glasnost, Dritte Welt, Perestroika, Industrienation, Terrorismus, Leitkultur.*

Und schließlich gibt es noch das weite Feld der sprachlichen Übernahmen aus anderen Sprachen (dazu siehe das Kapitel über Fremdwörter).

Ebenso wie neue Wörter mit Neuerungen im Alltag in die Sprache eingehen, können andere in Vergessenheit geraten, weil es das, was sie bezeichnen, nicht mehr gibt: *Popper, Wählscheibe, Eiserner Vorhang, Schallplatte, Setzkasten, Bleilettern.*

Sprachen, die eine Schrift haben – was längst nicht bei allen der Fall ist, die auf der Welt gesprochen werden –, müssen solche Wörter jedoch nicht verlieren. Sie sind in aller Regel jederzeit aus alten Wörterbüchern abrufbar.

Sprachwandel heißt auch Lautwandel

Der Grund, warum wir heute die mittelhochdeutschen Minnesänger nicht mehr verstehen, liegt nicht nur daran, dass sich Worte und ihre Bedeutung geändert haben. Auch die Art zu sprechen, Laute zu bilden unterliegt einer beständigen Veränderung. Lautverschiebungen unterscheiden auch verschiedene Sprachen voneinander, die einen gemeinsamen Ursprung haben. So wurde beispielsweise aus dem mittelhochdeutschen Ein-Laut (Monophthong) *u* in *hus* im Neuhochdeutschen der Doppellaut (Diphthong) *au* in *Haus*.

Es gibt zahlreiche Faktoren, die einen Lautwandel verursachen oder begünstigen. Schnellsprecher »verschlucken« vielleicht manche Laute oder bilden diese an anderen Stellen im Mund, weil es bequemer ist. So wurde beispielsweise das englische *inpossible* (= unmöglich) zu *impossible*. Die Lautfolge *in* muss im hinteren Teil des Mundes gebildet werden, während *im* viel bequemer mit beiden Lippen machbar ist, genau an derselben Stelle wie das darauf folgende *p*.

Ähnliche Laute werden beim Sprechen zusammengezogen, vermutlich ist es eine Frage der Zeit, wann sie auch so geschrieben werden. Zum Beispiel *ch-s* in *Fuchs* oder *sechs* (zu *Fuks* oder *seks*). Oder das lateinische *anima* für Seele zum spanischen *alma*.

Um einen gesprochenen Text flüssiger zu machen, lässt man auch schon mal eine Endung weg. Jeder kennt dafür zahlreiche Beispiele und macht es auch selbst. Irgendwann gehört diese Form dann der Sprache fest an und wird auch so geschrieben. Beispiele: *ich hab dich gern* statt *ich habe dich gerne* oder *ich lass mich nicht ärgern, das wär doch gelacht* usw.

Auch in Dichterkreisen wird diese endungslose Form schon seit Langem gebraucht, wie dieses Beispiel aus Goethes Faust (I, 2628–31) zeigt:

Du sprichst ja wie Hans Liederlich
der begehrt jede liebe Blum für sich
und dünkelt ihm, es wär kein Ehr
und Gunst, die nicht zu pflücken wär.

Im Gegensatz zum Weglassen des letzten Wortlautes kann Lautwandel auch durch eine Reduzierung am Anfang entstehen: *'ne flotte Biene* (statt *eine...*), *ich geh raus* (statt *hinaus...*), *'s ist gut* (statt *es...*). Dadurch wird die gesprochene Sprache flüssiger und schneller. Besonders verbreitet sind solche Veränderungen in Mundarten (siehe das Kapitel Dialekte).

Aber nicht nur Anfang und Ende von Wörtern sind betroffen. Auch in der Mitte gibt es Veränderungen, wie etwa die Verwandlung des mittelhochdeutschen *obest* ins neuhochdeutsche *Obst* zeigt.

Lautwandel entsteht aber nicht nur durch Weglassen. Auch Hinzufügungen oder Zusammenziehungen können dazu führen. So wurde etwa aus dem lateinischen *schola* (Schule) das spanische *escuela* oder aus dem lateinischen *spiritus* (Geist) das französische *esprit*.

Der berühmte Wiener Naschmarkt war ursprünglich vermutlich ein *Aschmarkt*, abgeleitet vom alten Wort »Asch« für Milcheimer. Aus der Information *ich geh auf 'n Aschmarkt* ist schließlich *Naschmarkt* geworden.

Und der Hamburger Stadtteil Altona, bis 1937 eine eigenständige Stadt und lange Zeit auf dänischem Staatsgebiet, verdankt seinen Namen vermutlich der plattdeutschen Formulierung »all to nah«. Das bedeutet »allzu nah« und meint, dass damals, bei der Entstehung der Stadt, die Dänen allzu nah an die Freie Hansestadt Hamburg herangebaut haben. Da haben Wörter gleichzeitig mit der Lautveränderung eine Bedeutungsänderung durchgemacht.

Auch die Grammatik verändert sich

Der Satzbau und die Struktur einer Sprache unterliegen dem Wandel ebenso wie Wortbedeutung oder Aussprache. Das populärste Beispiel für den aktuellen Sprachwandel ist der teilweise Verlust des Genitivs im Deutschen. Im allgemeinen Sprachgebrauch heißt es längst nicht mehr »sich des Tags erinnern«, sondern »sich an den Tag erinnern« – also *an* und Akkusativ statt Genitiv. Auch »des Fischers Frau« ist weitläufig von »dem Fischer seiner Frau« (Dativ) abgelöst worden. »Peters Hut« dagegen ist noch geläufig.

Den Satz »Der Dativ ist dem Genitiv sein Tod« finden die zahlreichen Leser des gleichnamigen Buchs sicher völlig normal und niemand würde sich wünschen, dass das Buch den Titel »Der Dativ ist der Tod des Genitivs« trägt. Der Autor Bastian Sick beklagt darin wortreich und amüsant den »Verfall« der Sprache.

Übrigens total zu Unrecht, wie Professor Butt erklärt. Was bei diesen Veränderungen passiert, ist nämlich aus Sicht der Linguistin eine natürliche Regulierung der Sprache.

»Das Deutsche hatte früher ein Kasussystem, das transparente semantische Informationen beigesteuert hat«, erklärt die Expertin. »Dieses Kasussystem gibt es jetzt nur noch auf Sparflamme und es wird zusehends weiter abgebaut. Der Trend geht in Richtung Englisch, das früher auch Genitivobjekte hatte.«

Offensichtlich gibt es im heutigen Sprachstadium für die Verständlichkeit keine Notwendigkeit mehr, den Genitiv auch im Verbalbereich (des Bäumchens pflegen – das Bäumchen pflegen) anzuwenden. Und deshalb wird es eben nicht mehr gemacht.

Das große Warum – nur teilweise beantwortet

Neben der Frage, wie sich Sprachen verändern, stellt sich den Wissenschaftlern die zweite wichtige Frage: Warum verändern sich Sprachen? Dafür haben Sprachwissenschaftler unterschiedliche Theorien. Jede für sich ist richtig, kann jedoch allein noch keinen Sprachwandel bewirken oder erklären. Gemeinsam ist es diesen Theorien jedoch durchaus möglich.

Theorie 1: Soziale Gruppen bilden ihre »eigenen Sprachen«.

Familie, Dorfgemeinschaft, Studenten, Arbeiter, Reiche, Künstler, Homosexuelle, Wissenschaftler – Gemeinschaften betonen ihre Zusammengehörigkeit durch Besonderheiten in der Sprache, die sie mehr oder weniger deutlich von anderen Gruppierungen abgrenzen (siehe auch das Kapitel Jungendsprache). Oft so deutlich, dass von Gruppenfremden kaum noch etwas verstanden werden kann (etwa Gesetzestexte von Nichtjuristen).

Geradezu berühmt ist auch die »Gaunersprache«, nach deren Begriffen in manchen Kreuzworträtseln noch gefragt wird: »Sore« für Beute; »Zaster« für Geld.

Stärker als anderswo sind Sprachunterschiede zwischen sozialen Gruppen in England ausgeprägt, wo das einfache Volk eine gänzlich andere Sprache spricht als die feinen Menschen des Adels. Doch in England unterscheiden sich auch die Bildungsschichten erheblich in ihrer Art zu sprechen. Und sogar innerhalb einer solchen Schicht lassen sich Absolventen bestimmter Universitäten an ihrer speziellen Sprache unterscheiden.

In Deutschland kennt man diese starken sozialen Sprachunterschiede vor allem aus dem »Kohlenpott«.

Besonders anschaulich sind die englischen Sprachunterschiede in dem auch in Deutschland sehr erfolgreichen gesellschaftskritischen Musical »My fair Lady« dargestellt, in dem ein Phonetikprofessor einem einfachen, aber sehr hübschen Blumenmädchen nicht nur Manieren, sondern auch die richtige Aussprache und das angemessene Vokabular für die edle Gesellschaft beibringt. Vorbild für den Professor im Musical war der berühmte englische Phonetiker Henry Sweet (1845-1912).

»The rain in spain falls mainly in the plain« oder in der deutschen Fassung »Es grünt so grün, wenn Spaniens Blüten blühen« muss das arme Blumenmädchen stundenlang üben, um seine Aussprache zu verbessern.

Auch in ländlichen Gegenden haben Dorfgemeinschaften oft so spezielle Gemeinschaftssprachen herausgebildet, dass sie im nächsten Dorf kaum noch zu verstehen sind.

Was allen gemeinsam ist: Gruppenmitglieder erkennen sich an der Art, was sie sprechen und wie sie sprechen. Fremde erkennen oft genau an dieser Art, »woher einer kommt«. Das kann soziale Vorteile haben (wenn man etwa »Queen's English« spricht) oder Nachteile, wenn man ausschließlich den »Kohlenpott-Slang« beherrscht.

Den Sprachwandel fördern diese »Spezialsprachen« unterschiedlicher Gruppen durch Kontakt mit anderen, zum Beispiel von Familie zu Familie (Heirat) oder von Dorf zu Dorf (Umzug). Dadurch werden Veränderungen übernommen und es entstehen gleichzeitig wieder ganz neue Varianten.

Theorie 2: Durch Kontakt mit anderen Sprachen entstehen Veränderungen. Das hat eine lange Tradition und ist durchaus kein neues Phänomen.

Im Gegenteil! Die Menschen waren fast immer unterwegs, teilweise in großen Gruppen und über weite Strecken (z. B. während der Völkerwanderung) – auf der Suche nach Nahrung, um Handel zu treiben, auf der Flucht vor Kriegen, um Armut aus dem Weg zu gehen, um Reichtum anzuhäufen, um ein neues Leben zu beginnen, weil fremde Kulturen locken, aus religiösen Gründen ...

Geschichtlich, so sagen Linguisten, war immer die Mehrsprachigkeit die Regel (siehe das Kapitel über Mehrsprachigkeit), Einsprachigkeit die Ausnahme. Schließlich wollten sich die Menschen verständigen können. Sie nahmen eine Sprache aus ihrer sozialen Gruppe mit, lernten unterwegs neue Sprachen dazu und lernten auch neue Dinge kennen und vermischten natürlich einiges.

Das Phänomen kennt jeder, der mehrere Sprachen lernt: Was sich in einer anderen Sprache besser ausdrücken lässt, hat gute Chancen, in die eigene übernommen zu werden. *Flirt, Sex, Handicap* beispielsweise. Oder »Übersetzungen« wie *nicht wirklich* (not really). Jeder weiß heute, was damit gemeint ist, und viele wissen nicht mehr, dass es kein »korrektes« Deutsch ist.

Der persönliche Kontakt mit anderen Sprachen und die Bewegungen von großen Menschengruppen über die Kontinente sind nur ein Grund für die Veränderungen. »Fremdsprachen« mischen sich auch durch politische Machtverhältnisse in die Landessprache (Einfluss durch die »Sprache der Sieger«).

Auch das soziale Ansehen, das fremde Sprachen und ihre Sprecher haben, bewirkt Veränderungen. So wird etwa von dem großen Universalgelehrten Gottfried Wilhelm Leibniz (1646–1716) berichtet, dass er ausschließlich Französisch sprach. Schien ihm Deutsch zu unelegant? Auch im zaristischen Russland galt Französisch als vornehm und gehörte zum Adel.

Im Englischen lassen sich viele Einflüsse der skandinavischen Sprachen und des Französischen wiederfinden, ebenso wie wir im Deutschen zahlreiche Einflüsse aus dem Lateinischen, Französischen und – heute so beklagten – Englischen haben (siehe auch das Kapitel über Fremdwörter).

Durch Kontakte zwischen unterschiedlichen Sprachen bzw. Menschen, die ins Land kommen, ohne die Landessprache zu sprechen, können sogar neue »Mischsprachen« entstehen, die Linguisten als Pidgins und Kreolsprachen bezeichnen.

Theorie 3: Kinder »erfinden« Neuprägungen, die schließlich von Erwachsenen übernommen werden und dadurch Zugang zur Sprache erhalten.

Wer mit Kindern zusammenlebt, kann viele faszinierende Sprachvarianten beobachten. Hinreißende Wortschöpfungen, zauberhafte Satzstellungen, eine oft witzig »verdrehte« Grammatik.

Das wille ich nicht. Da kommt die Oketive (für Lokomotive). *Papa, Uli, Vater, komm doch mal. Ich habe gestern, heute badet* (gebadet).

Tatsächlich erwerben Kinder ihre Sprache aus der Umwelt (siehe das Kapitel über Spracherwerb). Und da gibt es einiges, was sie weder hören noch verstehen können, sagt Professor Butt. Hätten wir keine Schrift, dann wäre nach ihrer Ansicht der Unterschied zwischen »ein« und »einen« schon längst verschwunden, denn in der Umgangssprache ist der Unterschied seit Langem nicht mehr zu hören. Ein Kind hört also immer nur »ein«. Wie soll es auf die Idee kommen, dass es für dieses Wort verschiedene Fälle (Kasus) gibt? Das muss es später in der Schule erst lernen.

Angenommen, ein Kind muss zu seiner Ursprungssprache in der Schule keine Schrift und keine Regeln lernen – was auf der Welt ja durchaus nicht selten ist –, kann die Erfahrung mit dem Gehörten weitere Folgen im Sinne eines Sprachwandels haben. Falls es, im deutschen Beispiel, nur noch einen Unterschied zwischen »dem« und »das« (also Dativ vs. Nominativ und Akkusativ) hört, könnte es dies für ein Missverständnis halten und aus seinem Bedürfnis nach Regelmäßigkeit der Sprache das »dem« einfach eliminieren. Damit wäre dieser Teil des Kasussystems abgeschafft.

Wie Linguisten den Sprachwandel erforschen

Auf Prozesse des Sprachwandels schließen Linguisten durch Methoden der vergleichenden Sprachwissenschaft. Dafür wurden im 19. Jahrhundert zuverlässige wissenschaftliche Methoden entwickelt, die es auch heute noch möglich machen, Sprachverwandtschaften festzustellen. Verschiedene Sprachen wie auch verschiedene Sprachstadien werden miteinander verglichen, Gemeinsamkeiten festgestellt und entsprechende Stammbäume erstellt.

Typische Beispiele:

Latein	Griechisch	Sanskrit	Englisch	Deutsch	Hindi
mater	matir	matr	mother	Mutter	mata
pater	pater	pitar	father	Vater	pita
nomen	onoma	nama	name	Name	nam

Natürlich geht es dabei nicht nur um einzelne Vokabeln, sondern auch um die Struktur, den Satzbau, um das ganze System der Sprache. Je ähnlicher, umso näher verwandt sind Sprachen miteinander.

Unterschiede und Abgrenzungen zueinander haben sie vielfach durch den Wandel erfahren. Die deutsche Sprache hat in ihrer Geschichte beispielsweise eine zweifache Lautverschiebung durchgemacht.

Die erste, sogenannte »germanische Lautverschiebung« fand vermutlich im 1. Jh. v. Chr. statt und grenzte die germanischen Sprachen von den übrigen indogermanischen Sprachen ab. Sie wurde 1822 im »grimmschen Gesetz« systematisiert – von Jakob Grimm, der zusammen mit seinem Bruder Wilhelm auch die berühmten Märchen gesammelt und das größte Wörterbuch der deutschen Sprache begonnen hat.

In der zweiten, der sogenannten »hochdeutschen Lautverschiebung« wurde das Konsonantensystem der germanischen Sprachen einer bedeutsamen Veränderung unterworfen. Sie hat etwa im 6. Jh. n. Chr. stattgefunden, ging vom alemannischen Süden (vorwiegend Schweiz) aus und wurde im Norden (nördlich der »Benrather Linie«) nicht mehr mit vollzogen. Dadurch wurde das Sprachgebiet der germanischen Stammessprachen in einen südlichen und einen nördlichen Bereich geteilt, was heute noch an den Dialekten zu erkennen ist (siehe auch das Kapitel über Dialekte). Die zweite Lautverschiebung trennte also die hochdeutschen Mundarten von den niederdeutschen und auch von den anderen westgermanischen Sprachen.

Von der Veränderung waren in erster Linie *p*, *t* und *k* betroffen.

Beispiele: Es wurde

germanisch *p* zu *pf* am Anfang und nach Konsonanten bzw. *ff* nach einem Vokal:
lat. »pondus« – deutsch »Pfuhl« – engl. »pool«; engl./niederdeutsch »pipe« – deutsch »Pfeife« oder althd. »skif« – niederdeutsch »Schipp« – hochdeutsch »Schiff«;

germanisch *t* zu *ts* am Anfang und nach Konsonanten, geschrieben *z* oder *tz*, bzw. *ss* nach einem Vokal:
englisch »ten« – deutsch »zehn«; englisch »two« – deutsch »zwei«; englisch »tin« – deutsch »Zinn«;

germanisch *k* zu *kch* am Anfang und nach Konsonsanten (gibt es heute nur noch im Alemannischen und Schweizerischen: *Kchind, trinkchen*); nach einem Vokal wurde *ch* daraus: engl. »book« – deutsch »Buch«; niederdeutsch »maken« – hochdeutsch »machen«.

Deutsch, Englisch, Urdu (wird in Pakistan gesprochen), Griechisch, Latein, Sanskrit und viele andere große und kleine Sprachen (wobei sich groß und klein ausschließlich auf die Anzahl der Sprecher beziehen und keineswegs ein Qualitätskriterium darstellen!) gehören aus linguistischer Sicht zu einer Familie: zu den indoeuropäischen Sprachen. Die Sprachwissenschaftler gehen davon aus, dass sich alle diese Sprachen aus einer gemeinsamen Ursprache entwickelt haben: dem Protoindoeuropäischen.

Ob es das wirklich gegeben hat, wissen die Forscher nicht sicher. Auch über die örtliche Herkunft gibt es unterschiedliche Vermutungen und keine sicheren Beweise. Manche sehen die Wiege unserer Sprache in Ostanatolien, andere in Gebieten nördlich des Schwarzen Meeres oder in Südosteuropa.

Manche Sprachforscher verfolgen die Theorie, dass sich alle Sprachen ursprünglich aus einer einzigen entwickelt haben. Viele betrachten diese Theorie allerdings mit großer Skepsis. Sie halten es für wahrscheinlicher, dass sich in mehreren Teilen der Welt parallel Sprachen entwickelt haben.

Weltweit werden heute mehr als 6400 Sprachen gesprochen. Erheblich mehr, als es Länder gibt. Viele dieser Sprachen haben keine eigene Schrift. Und viele werden nur noch von wenigen Menschen gesprochen, nicht mehr als Muttersprache an die nächste Generation weitergegeben. Sie sterben mit dem letzten Sprecher aus. Das passiert täglich.

Linguisten wollen diese bedrohten Sprachen retten bzw. dokumentieren. Denn eine dokumentierte Sprache kann wiederbelebt werden, wie es beispielsweise die israelische Bevölkerung mit Hebräisch gezeigt hat. Sie kann auch untersucht werden und vielleicht Aufschluss über Zusammenhänge mit anderen Sprachen geben.

»Es ist sehr traurig, wenn eine Sprache ausstirbt«, sagt Miriam Butt. »Denn nur in der Vielfalt lassen sich Gleichheiten finden.« Deshalb steht die Wissenschaftlerin auch Vereinen und Initiativen, die sich mit der Sprachpflege und -erhaltung beschäftigen, eigentlich aufgeschlossen und positiv gegenüber. »Aber sie sollten dazu unbedingt den Rat von Linguisten einholen und nicht borniert patriotisch sein«, sagt Professor Butt. Die Forscher interessieren sich für alle Sprachen und viele Wissenschaftler sind heute in verschiedenen Regionen der Welt unterwegs, z. B. in Australien, Sibirien, im Amazonasgebiet oder Indien, um vom Aussterben bedrohte Sprachen aufzuzeichnen.

Literatur zum Weiterlesen

Demske, Ulrike (2002): Sprachwandel. In: Meibauer, Jörg u. a., *Einführung in die germanistische Linguistik*. Stuttgart: Metzler, 294–338.

Donhauser, Karin u. a. (2007): *Moutons Interaktive Einführung in die Historische Linguistik des Deutschen*. Berlin: Mouton de Gruyter.

Nübling, Damaris u. a. (2006): *Historische Sprachwissenschaft des Deutschen. Eine Einführung in die Prinzipien des Sprachwandels*. Tübingen: Narr.

Weitere Literatur

Claßen, Veronika und Armin Reins (2007): *Deutsch für Inländer. Die 15 neuen Deutschs*. Frankfurt/Main: Fischer.

Das Herkunftswörterbuch. Etymologie der deutschen Sprache. Duden 7 (2006). Mannheim: Duden.

Hacke, Axel (2007): *Der weiße Neger Wumbaba kehrt zurück*. Zweites Handbuch des Verhörens. München: Kunstmann.

Kluge, Friedrich (2002): *Etymologisches Wörterbuch der deutschen Sprache*. Berlin: de Gruyter.

Mrozek, Bodo (2005): *Lexikon bedrohter Wörter*. Reinbek: Rowohlt.

Pogarell, Reiner (Hg.) (2007): *Wörterbuch überflüssiger Anglizismen*. Paderborn: ifb.

Sick, Bastian (2006): *Der Dativ ist dem Genitiv sein Tod*. Köln: Kiepenheuer & Witsch.

Wohlgemuth, Jan (2005): *Bedrohte Vielfalt: Aspekte des Sprachentods*. Berlin: Weißensee.

Peace, Alter, ich wollte dich nicht dissen, ey!

Damit Sie nicht lange herumrätseln müssen: Der Titel heißt so viel wie »Entschuldigung, mein Freund, ich wollte dich nicht kränken.«

Ja, man fühlt sich *vollfett* (= fabelhaft), wenn es gelingt, junge Leute zumindest ein wenig zu verstehen. Und ja, es macht Vergnügen, in den vielen »Wörterbüchern der Jugendsprache« zu blättern und zu lesen. Doch schade – schon bei ihrem Erscheinungstermin sind diese Nachschlagewerke nicht mehr wirklich aktuell. Gekauft werden sie trotzdem – meist von Leuten älteren Semesters, also so ab 30, die mitreden möchten, die zeigen wollen, was sie selbst *noch auf dem Schirm haben*, oder die nachschlagefähige Beweise dafür suchen, wie hoffnungslos abgedreht die heutige Jugend doch ist und dass die deutsche Sprache insgesamt dem Untergang geweiht ist.

Doppelt schade: Die Jugendsprache, die das Thema der vielen modischen Wörterbücher ist, existiert gar nicht.

»Eine Sprache, die alle Jugendlichen in Deutschland zwischen Flensburg und Berchtesgaden sprechen, gibt es nicht,« sagt Jannis Androutsopoulos, Juniorprofessor für Medienkommunikation an der Universität Hannover. »Fest steht lediglich, dass Heranwachsende ganz eigene Sprechstile entwickeln. Wie sie sich miteinander unterhalten, ist aber ganz verschieden und hängt von vielen Faktoren ab: hauptsächlich von der Herkunft der Jugendlichen, von der Region, in der sie leben, dem Milieu, in dem sie aufwachsen, der Zusammensetzung der Gruppe, in der sie sich aufhalten. Diese unterschiedlichen Sprechstile interessieren uns und die erforschen wir.«

Warum?

Hier geht es um einen Bereich der Soziolinguistik, einer Fachrichtung innerhalb der Sprachwissenschaft, die sich mit Beziehungen zwischen Sprache, Gesellschaft und Kultur beschäftigt. Durch die Analyse der Sprechstile Heranwachsender lassen sich Rückschlüsse auf den Sprachwandel (siehe Kapitel 1) ziehen, auf Mechanismen sprachlicher Kreativität und auf die gesellschaftlichen Funktionen von Sprache. Die »Jugendsprache«, also die Summe der unterschiedlichen jugendlichen Sprechstile – und in diesem Sinn wird der Begriff hier weiter verwendet –, ist ein Spiegel des Alltags in Deutschland. Gerade das macht sie zu einem hochinteressanten Forschungsgebiet.

Jugendliche sind respektlos, wenn es um Regeln geht

Jannis Androutsopoulos erklärt: »Jugendliche unterliegen noch nicht so starken Standardisierungszwängen. Im Vergleich zu Erwachsenen, die sich sprachlich an ihr berufliches Umfeld anpassen müssen, haben Heranwachsende größere Ausdrucksfreiheit. Sie sind respektlos, was Regeln betrifft, sie verfügen über Intuition und Kreativität, die Menschen über 30 meist nicht mehr in diesem Umfang haben.« *Denen geht sie ab*, würden manche Jugendliche vermutlich sagen, denn sie mögen die kleine Vorsilbe *ab* an allen möglichen Verben wie in *abschimmeln* (sich langweilen), *ablabern* (reden), *abkeimen* (sich ausruhen). Eine Freundin (= *Tussi*) hält sich nicht irgendwo auf, sie hängt auch nicht irgendwo *herum* wie früher, heute hängt sie *ab*.

Mitunter heißt es, Jugendsprache sei eine Geheimsprache, die sich die Jugendlichen ausdenken, um von den Erwachsenen nicht verstanden zu werden. Eine nachvollziehbare These, denn wenn man einmal die seltene Gelegenheit hat, eine Gruppe Heranwachsender miteinander reden zu hören, könnte man wirklich meinen, sie reden in einer erlernten Fremdsprache. Wie Erwachsene sich das vorstellen, liest sich so:

Mark ist immer auf dem Sprung. Nach der Schule cruised er mit dem Board zum nächsten Hangout, wo die Locals in der Halfpipe ihre Jumps durchziehen. Wer sich beim Grinden mault, gilt bei den Cracks als Loser und wird zum Dissen freigegeben. Nach dem Run zur Homebase zieht er

*sich Junkfood rein und surft schnell durch den Cyberspace. Er checkt
seine Mailbox, beamt den anderen Nerds die News des Tages. Zum Ein-
grooven auf die Nacht legt Mark phatte Sounds auf die Turntables* [...]
(Artikel in der BILD-Zeitung vom 2. Mai 2000, Seite 2, Titel: »Verstehen
Sie Ihre Kinder noch?«)

Klar, dieser Text ist von einem erwachsenen Journalisten geschrieben
worden. Er klingt wie Jugendsprache, ist aber keine. Hier sind lediglich
einzelne Wörter durch Fremdwörter ersetzt worden. Es scheint, als
müsse man nur jede Menge englische Vokabeln lernen, um mithalten
zu können.

Aber Jugendsprache ist vielschichtiger. Sie entsteht spontan, von
Mund zu Mund, im täglichen Austausch miteinander: Ein Jugendlicher variiert ein Wort, erwähnt einen Begriff, ein anderer übernimmt
das, weil es ihm gefällt. Zu dem in der jeweiligen Region gesprochenen
Dialekt kommen Wörter aus dem Englischen, immer öfter aus dem
Türkischen und anderen Migrantensprachen, aus der Computersprache, vermischt mit Sprüchen aus Filmen und Werbung, Textzeilen aus
der Pop- und Hip-Hop-Szene. Viele Gruppen holen sich ihr Basisvoka-
bular zudem aus der Fäkalsprache und der Wortwelt des Sex. Darunter
gemischt werden Füllsel wie *ey, he, hörma* (»hör mal«) und *ischwör*
(»ich schwöre«). Daraus entsteht ein für die jeweiligen Gruppen ein-
zigartiger Stil.

Heikle Frage: Wie nähern sich Soziolinguisten ihrem sensiblen Forschungsgebiet? Den Sprechstil Jugendlicher aufzuzeichnen ist vermutlich mindestens so schwer wie das Aufnehmen des Quakens des
seltenen Erdbeerfröschchens. Jugendliche sprechen miteinander, wie
sie es für angebracht und *cool* halten. Steht ein Professor mit dem Mi-
krofon in der Hand dabei, verstummt die Gruppe vermutlich.

»So ist es nicht. Wir haben da mehrere Möglichkeiten«, lacht Professor
Androutsopoulos. »Wir arbeiten einerseits mit Fragebögen. Da erkun-
digen wir uns nach Spitznamen, die sich die Kids geben. Oder danach,
mit welchen Wörtern sie ihren Ärger ausdrücken. Oder wir bitten sie
um die Übersetzung bestimmter Begriffe wie *Filet* oder *Ellies.* Ist man
vertraut mit der Gruppe, kann man ihren Sprechstil mit dem Kasset-
tenrekorder aufnehmen. Ist man noch vertrauter mit ihnen, kann man

sie bitten, den Rekorder einfach auf einem ihrer Treffen mitlaufen zu lassen.«

Dann erfährt der Wissenschaftler unter anderem, dass *Filet* das Synonym für »hübsches Mädchen« ist und *Ellies* die Bezeichnung für »Eltern«.

Selbst wenn die Heranwachsenden in ihren Cliquen ganz unterschiedlich miteinander kommunizieren – auch die Unterschiede sind für Sprachwissenschaftler natürlich interessant –, so gibt es doch ein paar Gemeinsamkeiten in der Jugendsprache:

> ❯ Sie existiert nur mündlich. Sie ist keine Schriftsprache.

> ❯ Sie funktioniert nur in der Gruppe. Man muss miteinander reden, um den richtigen Ton und die passenden Vokabeln zu treffen. Ein Jugendlicher allein entwickelt keine Jugendsprache und sei er sprachlich noch so einfallsreich.

> ❯ Sie ist kurzlebig. Nicht nur, dass Wörter und Slang sich ständig verändern. Auch die Jugendlichen geben, sobald sie erwachsen werden, die Jugendsprache auf – spätestens beim Eintritt ins Berufsleben.

Medien übernehmen schnell und gern Begriffe aus der Jugendsprache

Treffende Wortschöpfungen oder Formulierungen breiten sich schnell aus, denn sie werden prompt übernommen von Zeitschriften wie »BRAVO«, privaten Radio- und TV-Sendern wie »MTV« und »VIVA«, die auf diese Weise versuchen, ihre Zielgruppe, die Jugendlichen, direkter anzusprechen und noch unmittelbarer zu erreichen.

Über die Medien kommt die Jugendsprache mit einiger Zeitverzögerung dann auch bei den Erwachsenen an. Gestandene Mittvierziger sagen plötzlich auch *cool* (statt »beeindruckend« oder »gelassen«) und *supi* (statt »super«) und, wenn sie besonders originell sein wollen,

auch mal *megaaffentittengeil*, wie die österreichische Gesundheitsmi-
nisterin, die 2004 mit dieser Formulierung einen Gesundheitspass für
Jugendliche attraktiv machen wollte.

Auf junge Leute wirkt das anbiedernd bis lächerlich, zumal Erwachsene oft Wörter und Redewendungen benützen, die mehrere Schöp-
fungsgenerationen alt sind und unter Jugendlichen kaum noch Verwendung finden.

Immer geht es um Abgrenzung und Nähe

Es ist kein Zufall, dass die Jugendlichen gerade in der Pubertät, also
etwa zwischen zehn und 19 Jahren, in »ihrer« Sprache reden. Diese
Phase umfasst den Abschied von der Kindheit und den Beginn des
Erwachsenwerdens. Eine schwierige Zeit. Gebeutelt von Hormon-
schüben, körperlichen Veränderungen, ersten ernsthaften Tests zur
Wirkung auf das andere Geschlecht stehen die Jugendlichen vor so
brisanten Fragen wie: Wer bin ich eigentlich? Was kann ich? Was will
ich?

Es geht um Identitätsfindung, um Abgrenzung und Nähe. Die Heranwachsenden entziehen sich allmählich dem Einfluss des Elternhauses.
Das müssen sie tun, denn es ist der erste Schritt in die Selbstständig-
keit. Die Nestwärme, die sie aufgeben, aber noch dringend brauchen,
finden sie in ihrer Clique. Die sozialen Netzwerke, die die Jugendlichen
nun in ihren »Peergroups«, also in den Gruppen Gleichaltriger, aufbauen, sind wesentlich dichter als die im Erwachsenenalter. Dass sich
ihre Kinder der falschen Gruppe anschließen, ist der Albtraum aller
Eltern. Nirgendwo dazuzugehören, wäre das Unglück der Kinder. Ausgeschlossen zu sein, führt zu Selbstzweifeln und lang anhaltenden
Minderwertigkeitskomplexen. In einer Gruppe zu sein und da womöglich eine angesehene Position einzunehmen, ist deswegen für Mädchen wie für Jungen überlebenswichtig. Neben Kleidung, Musik,
Hobbys ist es vor allem die Sprache, die hilft, sich unter Gleichaltrigen
Respekt zu verschaffen, sich mit der Gruppe zu identifizieren und sich
gleichzeitig von den Erwachsenen zu distanzieren.

Wie das funktioniert, lassen die Sprechstile der Jugendlichen gut erkennen. Denn zu den hauptsächlichen Elementen der Jugendsprache gehören:

1. Die Anrede. Sie ist oft extrem respektlos, aggressiv und vernichtend: *Hey, komm mal rüber, du Opfer. Na, du Missgeburt! Verpisst euch, ihr Loser!* Verbale Muskelspiele eben. Dahinter steht: Bloß keine Schwäche zeigen! Glücklicherweise nehmen es die so Angesprochenen in der Regel nicht persönlich. Es handelt sich meist auch nicht um ernst gemeinte Diskriminierungen, sondern um Frotzeleien.

2. Neue Wortschöpfungen. Da sind die Jugendlichen geradezu bewundernswert kreativ. Da steht der *Kohlebeschaffer* für die Eltern; *Rennleitung* bezeichnet die Verkehrspolizei, *Kommunikationskeule* das Telefon. Erwachsene mit Freude an verbalen Spielereien können sich dem Reiz dieser Begriffe nicht entziehen und übernehmen sie gern, sobald sie von den Medien in Umlauf gesetzt worden sind.

3. Bedeutungsverschiebung. Die bekanntesten Beispiele dafür sind die Adjektive *geil* und *cool*. Sie sind nicht wiederzuerkennen. *Geil* bezog sich bis vor einigen Jahren auf sexuelle Erregung. Die Jugendlichen haben es umgemünzt. Jetzt steht es für »großartig«, »toll«. Und *cool* heißt nicht mehr »kühl«, sondern »lässig« und »ausgezeichnet«. Auch durch Ironie verändern Kids ihren Wortschatz. So verstehen manche unter *Massage* schlicht eine Schlägerei und *Rauchmelder* nennen sie die Lehrer, die kontrollieren, ob in der Schule geraucht wird.

4. Kurzwörter. Nicht nur Politiker und Bürokraten – auch Jugendliche lieben Abkürzungen. Wer sich da nicht auskennt, kann nicht mitreden. *KP* heißt »kein Plan«, *MOF* »Mensch ohne Freude«. Aus Konzert wird *Konzi*, aus super *supi*, aus telefonieren *telen*, aus Schleimer *Schleimi*.

5. Superlativbildung. Durch das Davorsetzen von *super, mega, hammer, über, extra, spitzen, ober, koma, übel(st), fucking, derb(st)* oder *hyper* lässt sich so gut wie jedes Wort steigern – auch mehrfach. Ein Statement wie: *Das war echt ein super spitzen klasse Gig* lässt darauf schließen, dass ein Konzert wirklich hervorragend gewesen sein muss. *Voll nich* bedeutet übrigens »auf gar keinen Fall«.

6. Sprachmischung. Hauptsächlich aus dem Englischen, seit einiger Zeit aber auch aus dem Türkischen, dem Arabischen und neuerdings auch aus dem Russischen übernehmen die Jugendlichen Begriffe. Der Film war *boring* (langweilig), *jemanden dissen* kommt vom englischen Verb »to disrespect« (sich abfällig über jemanden äußern); *yalla*, eigentlich arabisch für »auf gehts«, wird zum Begrüßungs-*Guten-Tag* unter Jugendlichen. Und das türkische Wort *Lan* wird immer häufiger als Anrede benutzt. Es bedeutet so viel wie »Ey, Mann«, »Alter«, »Kumpel«.

7. Lückenfüller. Wer nicht gleich eine Antwort parat hat, rettet sich mit lässigen *ey, hey, so* oder *nahörma* (»na, hör mal«). Wirkt *voll cool.* Diese kleinen Einfügungen sind darüber hinaus ein Mittel zur Organisation von Gesprächen. Man kann damit Aufmerksamkeit gewinnen, neue Themen einführen oder sie wechseln.

8. Obszöne und sexuelle Begriffe. In manchen Gruppen scheint jedes zweite Wort aus der Vulgärsprache zu kommen. *Ach, fick dich doch, du Arschi!* klingt anstößig, bedeutet aber lediglich »Lass mich doch in Ruhe!« Der Umgang mit derartigen Wörtern ist in manchen Gruppen üblich, in anderen verpönt. Es kommt darauf an, wo die Jugendlichen leben und wo sie sich treffen.

Kanak Sprak behalten die Jugendlichen auch als Erwachsene bei

Seit einigen Jahren bildet sich ein besonderer Sprechstil unter Heranwachsenden heraus: »Kanak Sprak«, eine Spielart der deutschen Umgangssprache mit migrantensprachlichen, insbesondere türkischen Einflüssen, so genannt nach dem gleichnamigen Roman des türkisch-deutschen Autors Feridun Zaimoglu. *Ich geh Bahnhof, Mann.* – Das ist kein Gastarbeiterdeutsch, wie es von den ersten ausländischen Arbeitnehmern in der Bundesrepublik geradebrecht wurde. Kanak Sprak sprechen Jugendliche der zweiten und dritten Generation. Sie können in der Regel auch ganz normales Umgangsdeutsch. Auch manche kleinere Kinder sind da schon fit. Ein Beispiel aus einem Frankfurter Kindergarten: Dort sagte ein etwa 5-jähriger Junge zu der Erzieherin: »Ich geh Klo.« Sie antwortete: »Wie heißt das?« Der Junge darauf: »Ich geh Klo!« Die Erzieherin: »Wie sagt man?« Der Junge: »Ist ja gut. Das heißt: Ich muss auf die Toilette.«

Gesprochen wird Kanak Sprak immer häufiger von deutschen Jugendlichen, die den multiethnischen Sprachmix *megaphatt* (hochattraktiv) finden. Prof. Androutsopoulos dazu: »Die Jugendlichen kombinieren in besonders kreativer Weise Deutsch mit Türkisch und anderen Migrantensprachen; ihre Aussprache und Sprachmelodie haben einen leichten anderssprachigen Touch. Artikel und Präpositionen werden häufig einfach weggelassen. Mit dieser Ausdrucksweise drücken sie aus: *Ich komme von woanders* oder *Ich bin kein deutscher Normalo.*«

Im Gegensatz zu den Sprechstilen in den Cliquen wird Kanak Sprak von den Jugendlichen auch dann noch gesprochen, wenn sie längst erwachsen sind. Konkurrenz zu Deutsch scheint durch den einflussreichen Sprachtrend trotzdem noch nicht zu entstehen. »Ethnolekt« nennt Prof. Androutsopoulos ihn: »Kanak Sprak ist vergleichbar mit den vielen Dialekten, die dem Hochdeutschen vorausgehen und seit Langem neben ihm bestehen. Wer beides kann, gewinnt an rhetorischen Möglichkeiten.«

Blick in die Entwicklung der Jugendsprache

Erst um etwa **1950** begann eine eigenständige Jugendkultur zu boomen, initiiert und genährt vor allem durch angloamerikanische Einflüsse.

In den **Sechzigerjahren** wurden die Jugendlichen »Halbstarke« genannt. Erwachsene schüttelten über die musik- und tanzbegeisterten Rock'n'Roller den Kopf. Codewörter wie *schau* (»toll«), *dufte Biene* (»hübsches Mädchen«) machten die Runde. Jugendliche, ihre Vorlieben, ihre Kultur wurden zunehmend als Markt erkannt.

In den **Siebzigerjahren** machte die APO-Sprache (außerparlamentarische Opposition) von sich reden. Jugendliche hatten *null Bock,* gingen sich und anderen *auf den Keks,* drückten ihre Anerkennung durch *tierisch* oder *astrein* aus.

In den **Achtzigern** machten Typisierungen wie *Fascho* und *Normalo* die Runde. Man wurde *abgecheckt* und neigte zum *Ausrasten.*

Seit den **Neunzigern** ist die Jugendsprache zum Mythos geworden. Zahllose »Wörterbücher der Jugendsprache« versuchen den Eindruck zu vermitteln, dass man die doch so unterschiedlichen Kommunikationsformen der Jugendlichen erlernen könne wie eine Fremdsprache. *Kanak Sprak,* der Sprachmix zwischen Deutsch und Türkisch, wird von immer mehr Jugendlichen gesprochen – bis ins Erwachsenenalter.

Ein Experteninterview finden sie unter www.dgfs.de.

Literatur zum Weiterlesen

Androutsopoulos, Jannis (1998): *Deutsche Jugendsprache. Untersuchungen zu ihren Strukturen und Funktionen.* Frankfurt/Main: Lang.

Keim, Inken (2007): *Die »türkischen Powergirls«: Lebenswelt und kommunikativer Stil einer Migrantinnengruppe in Mannheim.* Tübingen: Narr.

PONS *Wörterbuch der Jugendsprache 2008. Deutsch/Englisch/Französisch/Spanisch.* Pons-Wörterbücher (2007). Stuttgart: Klett.

Wippermann, Peter (2000): *Wörterbuch der Szenesprachen.* Herausgegeben von Trendbüro. Mannheim: Dudenverlag.

Weitere Literatur

Androutsopoulos, Jannis (2001): Von ›fett‹ zu ›fabelhaft‹: Jugendsprache in der Sprachbiographie. In: *Osnabrücker Beiträge zur Sprachtheorie* 62, 55

Augenstein, Susanne (1998): *Funktionen von Jugendsprache.* Tübingen: Niemeyer.

Dürscheid, Christa und Jürgen Spitzmüller (Hgg.) (2006): *Perspektiven der Jugendsprachforschung/Trends and Developments in Youth Language Research.* Frankfurt/Main: Lang.

Henne, Helmut (1986): *Jugend und ihre Sprache.* Berlin: de Gruyter.

Neuland, Eva (Hg.) (2003): *Jugendsprachen – Spiegel der Zeit.* Frankfurt/Main: Lang.

Spreckels, Janet (2006): *»Britneys, Fritten, Gangschta und wir«: Identitätskonstitution in einer Mädchengruppe.* Frankfurt/Main: Lang.

Dialekt sprechen nur die Dummen?
Dialekt macht schlau!

Kurz vor seinem Rückzug aus der Politik hat der bayerische Minister-
präsident Edmund Stoiber die Nation mit dem Ausspruch amüsiert, er
werde im Ruhestand unter anderem in seinem Garten »Blumen hinrichten«. Für die meisten Deutschen klingt dies ziemlich martialisch
und ruft das Bild eines Schwert schwingenden, Blütenköpfe abschla-
genden Mannes hervor.

Gemeint hat der Politiker natürlich etwas völlig anderes und alle Dialekt sprechenden Bayern haben ihn auch richtig verstanden: Stoiber
will seine Blumen nicht »hinrichten«, sondern *hirichtn*, ein bairischer
Begriff für »in Ordnung bringen«, »arrangieren«, »hübsch dekorieren«.
Hirichtn kann man nicht nur Blumen im Garten (pflegen, in Beeten
arrangieren). *Hirichtn* lassen sich auch eine Kaffeetafel (hübsch auf-
decken), die Kissen auf einem Sofa (in Form bringen), das kalte Büfett
für Gäste (appetitanregend aufstellen) und vieles andere.

Ein falsch ins Hochdeutsche übertragener Dialektbegriff hat also al-
lergrößte Heiterkeit hervorgerufen. Die Medien machten sich geradezu einen Spaß daraus, den Satz immer und immer wieder zu zitieren
und sie ließen es dabei nicht an versteckter bis offener Häme über die
sprachliche Unbeholfenheit des Politikers fehlen. Was die Geringschätzung anbelangt, so ist in den Berichten sicherlich nicht nur der
Sprecher gemeint, sondern auch die Sprache – der Dialekt.

Obwohl in fast allen deutschen Regionen Dialekte gesprochen werden, haben diese nach wie vor in weiten Kreisen einen schlechten Ruf.
Wer Dialekt spricht, gilt häufig als dumm, derb, rückständig, primitiv

oder ungebildet. Dialekt gilt seit Langem als Erfolgsbremse – in der Schule, noch mehr im Beruf oder auf dem gesellschaftlichen Parkett.

Als Folge dieser Einschätzung, die vor allem in den Siebzigerjahren des letzten Jahrhunderts stark verbreitet war, ist insbesondere in den Städten die Zahl der Mundart sprechenden Einwohner immer weiter zurückgegangen. In München beispielsweise sollen nur noch zwei Prozent der Jugendlichen Bairisch sprechen. Bei Umfragen in allen Altersgruppen haben in Hamburg immerhin rund 30 Prozent der Bewohner erklärt, dass sie Hamburger Platt beherrschen.

Vielfach achten Dialekt sprechende Eltern darauf, dass ihre Kinder »nach der Schrift« sprechen lernen, und im Kindergarten, vor allem aber in der Schule ist der Dialekt ohnehin verpönt.

Viele Jugendliche, die ihre eigene Ausdrucksweise entwickeln (siehe auch das Kapitel über Jugendsprache), tun dies auf keinen Fall im Dialekt. Als Dialektsprecher läuft man immer Gefahr, verspottet oder belächelt zu werden – vor allem dort, wo Menschen diesen Dialekt nicht sprechen und vielleicht auch nicht verstehen.

Dialekte, so befürchten deshalb viele, sind dramatisch vom Aussterben bedroht. Und sie haben damit nicht völlig unrecht. Denn Dialekte sind in aller Regel keine Schriftsprachen und können von der Bildfläche verschwinden, sobald sie keiner mehr spricht. Stärker ausgeprägt ist die Tendenz des Dialektverfalls zugunsten einer »gefärbten« Umgangssprache oder eines »Regiolekts« in den norddeutschen Regionen. In Mittel- und Süddeutschland sowie in Österreich wird der Dialekt in der Alltagssprache und auch »offiziell« erheblich stärker gebraucht.

In der Schweiz stehen die Menschen sogar äußerst selbstbewusst und selbstverständlich zu ihrem Dialekt. Knapp 90 Prozent der Einwohner sprechen dort Alemannisch bzw. Schwyzerdütsch in allen Varietäten. Viele davon sogar ausschließlich Dialekt und keine Hochsprache. Zudem sind seit Langem immer wieder Bestrebungen im Gange, das Schwyzerdütsch auch als offizielle Schriftsprache einzuführen.

Dialekte sind Sprachen

Was viele Kritiker und »Belächler« nicht wissen: Dialekte sind keine minderwertige oder fehlerhafte Hochsprache. Vielmehr stellt jeder Dialekt eine eigene, vollständige Sprache dar, wie Sprachforscherin Dr. Ellen Brandner von der Universität Konstanz erklärt. Zu ihren Forschungsschwerpunkten gehört die Dialektforschung in Hinblick auf die Syntax, also die Struktur von Sätzen. Ein Bereich, der in der traditionellen Dialektforschung bisher eher ausgeklammert wurde.

Dialektforscher erfassen, dokumentieren und beschreiben die Mundarten. Sie untersuchen Geschichte, Herkunft und Verbreitung dieser Sprachen, erstellen Dialektatlanten und sammeln Stoff für umfangreiche Wörterbücher. Die Forschungsstelle »Deutscher Sprachatlas« in Marburg hat unlängst ein Projekt abgeschlossen, das Dialektkarten aus dem vorletzten Jahrhundert, die sogenannten Wenker-Karten, digitalisiert aufbereitet und der interessierten Öffentlichkeit im Internet zugänglich macht (www.diwa.info/main.asp).

Dialektforscher interessieren sich für Menschen, die Dialekt sprechen, und dafür, wie sich die Mundart auf die Hochsprache auswirkt. Sie erforschen auch, welche Auswirkungen der Dialekt auf das Lernen und Denken des Einzelnen hat.

Die Angst vieler Fachleute und Heimatpfleger, deutsche Dialekte würden demnächst aussterben, scheint neuerdings wieder weniger begründet. Das Bekenntnis zum Dialekt hat in Deutschland in den letzten Jahren wieder zugenommen. So haben Umfragen gezeigt, dass sich z. B. in Hessen über 60 Prozent, in Bayern, Rheinland-Pfalz oder Baden-Württemberg immerhin noch mehr als 70 Prozent zu ihrem Idiom bekennen. Auch Mundarttheater, Mundartbücher, Mundartcomedians, Dialekt sprechende Kabarettisten und Musikgruppen erfahren Zulauf und feiern Erfolge. Man denke etwa an die Musikgruppe BAP aus Köln oder das Ohnsorg-Theater in Hamburg, um nur zwei Beispiele zu nennen. Viele dieser Künstler sind nicht nur auf regionalen Bühnen zu sehen, sondern auch in überregionalen Fernsehsendungen oder auf Kanälen, die von vielen TV-Zuschauern empfangen werden können, wie etwa die dritten Programme im deutschen Kabelnetz – in der Regel sind dies dann aber »angepasste« Dialektausgaben, damit sie von möglichst vielen Leuten verstanden werden.

Viele Zeitungen unterhalten regelmäßig Kolumnen im örtlichen Dialekt, Comics (z. B. Asterix) werden in Dialektausgaben angeboten. Vielerorts werden Bücher in die Mundart übersetzt oder öffentliche Veranstaltungen im Dialekt abgehalten – etwa das alte und neue Testament in Plattdeutsch oder Bibelstunden und heilige Messen in friesischer Sprache in Hamburg und Schleswig-Holstein. Lange vergessene Mundartdichter kommen zu neuen Ehren und jüngere Autoren schreiben erfolgreich im Dialekt. Schließlich erleben zunehmend Wörterbücher für die verschiedenen Dialekte einen wahren Boom (z. B. Langenscheidt Liliput Wörterbücher für Bairisch, Berlinerisch, Hessisch, Fränkisch, Kölsch, Plattdeutsch, Sächsisch, Schwäbisch).

Das Bundesland Baden-Württemberg zeigt sogar in einer viel beachteten Werbekampagne großes Selbstbewusstsein in Sachen Mundart: »Wir können alles – außer Hochdeutsch.«

Muttersprachengesellschaften, Verbände und Vereine arbeiten an der Erhaltung der Dialekte von Schwäbisch über Bairisch, Fränkisch, Friesisch, Pfälzisch, Thüringisch, Sächsisch, Plattdeutsch…

Eine lange Geschichte

Dialekte sind nicht nur eigenständige Sprachen, sie sind auch erheblich älter als unsere geschriebene und offizielle Standardsprache Hochdeutsch. Vielfach sind die Mundarten auf germanische Stammesdialekte zurückzuführen. Ihre Geschichte lässt sich bis ins späte zweite Jahrhundert zurückverfolgen. Durch Eroberungszüge und Wanderungen haben sich die Ursprungsdialekte gegenseitig beeinflusst und sind auch von außen – zum Beispiel durch die Römer – stark beeinflusst worden (siehe auch das Kapitel über Sprachwandel).

Alemannisch und Schwäbisch beispielsweise haben sich aus der Sprache eines Stammesverbandes entwickelt, der zum großen Teil aus Sueben (daher der Name »Schwaben«) bestand. Damit wurde eine germanische Stammesgruppe bezeichnet, die ursprünglich an der

Ostsee lebte und von dort Richtung Süden zog. Damals eroberten Alemannen (»alle Mannen«, »alle Männer«) das Land zwischen Rhein, Bodensee und Iller von den Römern.

Die Sprache in ihren vielfältigen Ausprägungen heißt Alemannisch und ist in Deutschland, in der Schweiz, in Frankreich (Elsass), Österreich (Vorarlberg, Teile von Tirol), Italien (Piemont) verbreitet. Schwäbisch bezeichnet eine Gruppe von alemannischen Dialekten, die im Raum Schwaben, also im mittleren und südlichen Baden-Württemberg sowie in westlichen Teilen Bayerns gesprochen werden.

Die Karte zeigt, wo die vielen unterschiedlichen Dialekte in Deutschland gesprochen werden.

Große Vielfalt

Die zahlreichen deutschen Dialekte, die unsere Sprachlandschaft bereichern, klingen oft so unterschiedlich und so anders als unsere Standardsprache, dass sie längst nicht von allen Menschen verstanden werden. Je weiter die Regionen auseinanderliegen, umso mehr braucht man Dolmetscher, um einheimische Dialektsprecher zu verstehen. Für Bayern klingen die norddeutschen Dialekte sehr fremd. Auch Hessisch oder Pfälzisch sind nur schwer für bairische, norddeutsche, rheinländische oder sächsische Ohren zu verstehen. Umgekehrt ist es natürlich genauso.

Doch nicht nur die einzelnen Dialekte unterscheiden sich voneinander. Auch innerhalb der Sprachgebiete gibt es eine große Vielfalt. So klingt Bairisch in der Oberpfalz ganz anders als im Bayerischen Wald, um München herum anders als im Voralpenland oder in Niederbayern. Manchmal so sehr, dass sich die Menschen nicht mehr verständigen können, wenn sie keine verbindende Sprache wie etwa Hochdeutsch zur Verfügung haben.

Doch die Entfernungen müssen gar nicht so groß sein. Insbesondere in ländlichen Gegenden und über »natürliche« Grenzen wie Flüsse,

Lautverschiebungslinien einiger ausgewählter Wörter:

.... sik-/sich-Linie

•••••• ik-/ich-Linie
(Uerdinger Linie)

•••• maken-/machen-Linie
(Benrather Linie,
Hauptgrenze der
Lautverschiebung)

——— dorp-/dorf-Linie

– – – dat-/das-Linie

——— appel-/apfel-Linie
(Speyerer Linie)

——— Sprachgrenze

*Hier zeigen sich
die Grenzen
für die Aussprache
bestimmter Wörter.*

Seen oder Gebirgszüge hinweg, aber oft auch schon von Dorf zu Dorf oder von Stadt zu Stadt haben sich die Dialekte teilweise so unterschiedlich entwickelt, dass sich die Menschen nicht mehr ganz leicht verständigen können.

So sprechen etwa Stuttgarter, Züricher, Augsburger, Freiburger oder Straßburger, wenn sie Dialekt sprechen, alle einen alemannischen bzw. schwäbischen Dialekt. Doch ob sie sich wirklich verstehen? Die Sprachen klingen sehr unterschiedlich.

Sind'r scho mol in Züri gsii?, fragt etwa der Schweizer (»Sind Sie schon einmal in Zürich gewesen?«). Für »gewesen« kann man im alemannischen Sprachgebiet statt »gsi« auch »gwea«, »gwä«, »gsei«, »gwest« hören. Vor allem westlich vom Arlberg wird »gsi« gesagt, weshalb die Menschen dort auch scherzhaft »Gsiberger« genannt werden. Auch in anderen Städten haben die Leute Spitznamen, die auf ihre Ausdrucksweise zurückzuführen sind: »Meisailer« für die Tübinger, weil sie beim Schimpfen gern »meiner Sail« (Seele) sagen. Die Reutlinger haben ihren Namen »Hüüschhönle« oder »Bootwüschtle« von ihrer Eigenart, »Hirschhorn« oder »Bratwurst« ohne das »r« zu sprechen (Beispiele aus Klausmann u.a. 1994).

Auch Staatsgrenzen können den Dialekt verändern, wie in dem Buch »Kleiner Dialektatlas Alemannisch und Schwäbisch in Baden-Württemberg« anschaulich an einigen Redewendungen der Stadt Laufenburg gezeigt wird. Seit 1803 ist Laufenburg auf zwei Länder – Baden/Deutschland und Schweiz – aufgeteilt:

Laufenburg/Baden	Laufenburg/Schweiz	Hochdeutsch
e guet Joorr	e guets Joor	ein gutes Jahr
höltsi	höltsig	hölzern
iissí	iisig	eisig
ich nüm	ich nim	ich nehme
ich schlaa	ich schloo	ich schlage

Laufenburg/Baden	Laufenburg/Schweiz	Hochdeutsch
viertl siibeni	viertl ab seksi	18.15 Uhr
e weng, e bitseli	e bitsli, e chlii	ein wenig

Quelle: Kleiner Dialektatlas Alemannisch und Schwäbisch in Baden-Württemberg

Im Übrigen erleben natürlich auch Dialekte wie alle anderen lebendigen, also gesprochene Sprachen einen permanenten Wandel (siehe das Kapitel über Sprachwandel).

Dies zeigt, wie schwierig es ist, einzelne Dialekte voneinander abzugrenzen und ein für allemal festzulegen, wo Dialektgrenzen verlaufen, erklärt Dr. Brandner. Trotzdem haben die Wissenschaftler die deutschen Dialekte grob in drei Bereiche aufgeteilt.

Das Niederdeutsche – dazu gehören z. B. Platt, Friesisch, aber auch West-(und Ost-)fälisch.

Die mitteldeutschen Dialekte, dazu zählen (unter anderem) Thüringisch, Fränkisch, Hessisch und auch Ripuarisch, besser bekannt als »Kölsch«.

Oberdeutsch schließlich umfasst hauptsächlich das Alemannische und das Bairische – mit seinen Varianten.

Doch diese Einteilung basiert hauptsächlich auf lautlichen Erscheinungen, so die Expertin weiter. So trennt man Oberdeutsch von Mitteldeutsch aufgrund der unterschiedlichen Aussprachen von »Apfel«: oberdeutsch »Apfel«, mitteldeutsch (und auch niederdeutsch«) »Appel«. Ähnliche Entsprechungen liegen den anderen Aufteilungen zugrunde.

Die Übergänge sind fließend, sagt Dr. Brandner, »und sobald man den Bereich der Aussprache verlässt und sich z. B. die Wortbildung oder auch die Syntax anschaut, ergeben sich häufig ganz andere Einteilungen. Beispielsweise teilen sich das Bairische und das Flämische (gehört zu den niederdeutschen Dialekten) die Eigenheit, dass Konjunktionen Personalendungen zeigen.

Baden: Appelgrutze

Berlin-Brandenburg: Apfelgriebsch

Bayern: Opflibutzn

Eifel: Aapelbaaz

Franken: Butzen, Knerzel

Hamburg: Knust, Grubber

Hessen: Abbelkrotze

Mecklenburg: Griebs, Gripsch, Grubsch

Münsterland: Kitsche, Kippe, Kritsche, Krose

Niedersachsen: Appelpietschen, Apfelnüsse

Pfalz: Apfelkrutze

Rheinland: Apfelnürsel, Appelknüsel, Meubbes

Ruhrgebiet: Apfelkippe, Apfelnüssl

Saarland: Gripsch, Grutze, Gnutze

Sachsen: Abbelgriebsch, Abbelgriebs

Sachsen-Anhalt: Apfelpuler

Sauerland: Apfelnüssel, Apfelschnüssel

Schleswig-Holstein: Griebs, Gripsch, Grubsch, Apfelgnatsch, Apfelstrunk

Schwaben: Apfelbutzen

Taunus: Krotze

Thüringen: Apfelkrebs, Apfelschnerps, Apfelschnirps

Westfalen: Hünkel, Hunkepiel, Apfelkinkel, Kröps

Im Bairischen etwa:

wenn-**st** moan-**st** (wenn du meinst).

Im Flämischen gibt es entsprechende Formen. Lautlich unterscheiden sich die beiden Dialekte erheblich. Alemannisch wiederum, das sich lautlich nicht sehr vom Bairischen unterscheidet (beide gehören zu den oberdeutschen Dialekten), kennt diese Erscheinung überhaupt nicht.

Die Sprachwissenschaft ist also (immer noch) weit davon entfernt, die Dialekte des Deutschen (und natürlich auch die Dialekte anderer Sprachen) umfassend zu beschreiben. Obwohl große Fortschritte gemacht werden.

Dialekt und Sprachkompetenz

Kritiker werfen Dialektsprechern häufig mangelnde Sprachkompetenz vor. Insbesondere in der Schule bekommen Dialekt sprechende Kinder Schwierigkeiten, wenn sie beim Schreiben Fehler machen.

Doch Linguisten sind der Ansicht, dass Lehrer es sich und ihren Schülern viel leichter machen könnten, wenn sie sich intensiver mit der Mundart beschäftigen würden.

Die mundartbedingten Fehler sind nämlich ganz typisch. So verwechseln Kinder aus dem alemannischen und auch aus dem fränkischen Sprachraum die Buchstaben *b, d, g* mit *p, t, k*. Sie schreiben dann *du griegst Brügel* oder *da ist die Bolizei gegommen.*

Bei Kindern aus Niedersachsen liest man ein falsches *e* vor *ch*: *necht wahr, unwahrscheinlech.* Oder sie schreiben (wie sie es hören): *Bahnsteich, Tach, wichtich.* Im Rheinland schreiben sie *ergendwo, er werft* etc. Sie entsprechen damit zwar genau den systematischen lautlichen Unterscheidungen, nach denen Dialekte eingeteilt werden. Doch in der Schule müssen sie die Schreibweise der Hochsprache lernen (siehe das Kapitel über Schrifterwerb).

Da sich die Dialekte auch in der Grammatik teilweise erheblich von der Standardsprache unterscheiden, kommt es in der Schule – und häufig auch noch später – zu oft kurios klingenden Sätzen. Dr. Brandner nennt Beispiele:

Geradezu berühmt sind Relativsätze, die (nicht nur im Schwäbischen) mit unveränderlichem »wo« eingeleitet werden – egal ob es sich um Personen, Dinge oder eben auch Orte handelt. Häufig wird dann »überkorrekt« eine Konstruktion sowohl mit (schriftsprachlich korrektem) Relativpronomen und »wo« gebildet, sodass Sätze entstehen wie

Die Frau, vu derre wo-n-i dir verzellt ha.
(Die Frau, von der »wo« ich dir erzählt habe.)

Diese Konstruktion hat sich in einigen oberdeutschen Dialektgrammatiken stark durchgesetzt. Die Schweizerdeutschen und die Westalemannen leisten hier noch Widerstand und zumindest die älteren Sprecher bevorzugen eindeutig:

Die Frau, wo-n-i dir verzellt ha, vu n-erre.

»Dieses Beispiel illustriert sehr schön, dass Dialekt eben nicht bedeutet: weniger Komplexität oder weniger Ausdrucksmöglichkeiten, sondern nur andere grammatische Konstruktion«, sagt Dr. Brandner.

Ein weiteres Beispiel ist die *tun-Einsetzung*. Von Lehrern in aller Regel als stilistisch schlecht gebrandmarkt, leistet »tun« in vielen Dialekten einen wichtigen Beitrag zur Bedeutungsunterscheidung. Beispielsweise drückt »tun« im folgenden Satz einen sogenannten »habituellen Aspekt« aus, d. h., dass jemand »gewohnheitsmäßig« oder »immer wieder« etwas macht: *Sie tut jetzt nicht mehr Rad fahren.* (Sie hat für immer aufgehört, mit dem Rad zu fahren).

Um Fehler in der Standardsprache geschickt auszumerzen, sollten Lehrer am besten selbst die verursachende Mundart sprechen, sagen Linguisten. Jedenfalls ist Interesse hilfreicher als Geringschätzung oder Vorurteile.

Wenn sowohl Lehrern als auch Schülern klar ist, dass es sich bei Dialekt und Standardsprache um zwei unterschiedliche Sprachvarianten handelt und dass der Dialekt nicht lediglich eine »Unterform« oder eine nicht perfekte Form der Standardsprache ist, könnten die systematischen Unterschiede zwischen den beiden sogar sehr gut Unterrichtsgegenstand sein. Dies würde nebenbei noch dazu führen, dass die deutsche Grammatik im Unterricht stärker behandelt werden würde – und das wäre nicht nur für Dialektsprecher von Vorteil.

Über eines sind sich mittlerweile die Forscher einig: Wer Dialekt spricht, leidet nicht an einem Mangel an Sprachkompetenz. Im Gegenteil: Dialektsprecher lernen von Anfang an zwei Sprachen. Sie erwerben also eher eine größere Sprachkompetenz (siehe auch das Kapitel über Mehrsprachigkeit).

Dialekt macht schlau

Viele Linguisten sind heute überzeugt, dass Dialekte die Sprachenviel-falt fördern. Auch die von Schülern. Sie müssen schon früh zwischen verschiedenen Sprachebenen unterscheiden können, was die Auffas-sungsgabe und das abstrakte Denken fördert. Dadurch tun sich diese Kinder vielleicht sogar in anderen Fächern wie Mathematik oder Ge-schichte leichter.

Immer wieder fordern Wissenschaftler, dass Dialekte auch Eingang in die Schulen erhalten. Manche stellen sich einen richtigen Unterricht in der »Heimsprache« der Kinder vor. Hochdeutsch sollte als Zweit-sprache unterrichtet werden. Anderen genügte es schon, wenn Dia-lektsprecher nicht stigmatisiert und dadurch frustriert, blockiert und im Lernen insgesamt behindert würden. Für Dialekt sprechende Kin-der wäre es sicher ein Vorteil, wenn ihre Lehrer ihren Dialekt zumin-dest verstehen würden.

Literatur zum Weiterlesen

Dialekt-Lilliput. Langenscheidt. Wörterbücher zu acht Dialekten.

Girnth, Heiko (2007): Variationslinguistik. In: Steinbach, Markus u. a., *Schnittstellen der germanistischen Linguistik*. Stuttgart: Metzler, 187–217.

Löffler, Heinrich (2003): *Dialektologie. Eine Einführung.* Tübingen: Narr.

Weitere Literatur

Klausmann, Hubert u. a. (Hgg.) (1994): *Kleiner Dialektatlas Alemannisch und Schwäbisch in Baden-Württemberg*. Bühl/Baden: Konkordia.

König, Werner und Manfred Renn (2006): *Kleiner bayerischer Sprachatlas*. München: dtv.

Löffler, Heinrich (2005): *Germanistische Soziolinguistik*. Berlin: Erich Schmidt.

Voigt, Lene (1990): *Säk'sche Glassiger*. Reinbek: Rowohlt.

Vom richtigen Schreiben

Können Menschen einen Text lesen und verstehen, in dessen Wörtern nur jeweils zwei Buchstaben an der richtigen Stelle stehen? Falls Sie das für unmöglich halten, dann schauen Sie sich doch bitte folgenden Abschnitt an:

Die Bcuhstbaenreheniflgoe in eneim Wort ist eagl

Fkarfnrut, 23. Sptbemeer

Ncah enier Sutide, die von der Cmabirdge Uinertvisy dührruchgeft wrdoen sein slol, ist es eagl, in wlehcer Reheniflgoe Bcuhstbaen in eneim Wort sethen, Huaptschae, der esrte und ltzete Bcuhstbae snid an der rhcitgien Setlle. Die rsetclhien Bshcuteban kenönn ttoal druchenianedr sein, und man knan es tortzedm onhe Poreblme leeen, weil das mneschilhce Gherin nhcit jdeen Bcuhstbaen eizlen leist, snodren das Wort als gnazes. Mit dme Pähonemn bchesfätgein shci mherere Hhcochsluen, acuh die aerichmkianse Uivnäseritt in Ptstbigurh. Esrtmlas üebr das Tmeha gchseibren hat aebr breteis 1976 – und nun in der rgchitien Bruecihhsetnafoelngbe – Graham Rawlingson in sieenr Dsiestraiton mit dem Tetil »The Significance of Letter Position in Word Recognition« an der egnlsicehn Uitneivrsy of Ntitongahm.(Aus der *Frankfurter Allgemeinen Zeitung* vom 24.9.2003)

Fast durchgängig purer Buchstabensalat. Vermutlich haben Sie ihn trotzdem relativ problemlos entziffern können. Darf daraus geschlossen werden, dass Rechtschreibung total überbewertet ist? Unkorrekt Geschriebenes erschließt sich uns doch offensichtlich auch?

Das stimmt, aber nur unter der Voraussetzung, dass wir gut geübt im Lesen und Schreiben sind. Psycholinguisten vermuten in unserem Kopf so eine Art Korrekturprogramm, von vielen »mentales Lexikon« genannt. Es funktioniert ähnlich wie bei der Spracherkennung z. B. bei einer Unterhaltung. Da vollbringen wir unbewusst geistige Glanzleistungen. Denn jeder Mensch intoniert ein Wort ein bisschen anders, und niemand spricht jeden einzelnen Buchstaben aus, der in einem Wort enthalten ist. Erschwerend kommt hinzu, dass es keine Wortgrenzen in der gesprochenen Sprache gibt. Wir kämen beim Hören (und Verstehen) überhaupt nicht weiter, wenn wir jedes einzelne Wort lautgetreu identifizieren müssten, um den Sinn einer Nachricht zu begreifen. Die Informationsvermittlung stünde auf dem Schlauch. Unser mentales Lexikon hat deshalb mögliche Kombinationen gespeichert. Es gleicht ab, was es hört, mit dem, was es schon weiß. Das geht blitzschnell und meist passt etwas.

Ähnliches passiert bei dem Buchstabensalat. Das mentale Lexikon vergleicht das wirre Wort mit dem, was es schon kennt. Erster und letzter Buchstabe sind korrekt? Daraus kann das mentale Lexikon etwas machen – vorausgesetzt, es hat vergleichbare Buchstabenzusammensetzungen gespeichert. In *Rkcucsak* erkennt es leicht *Rucksack*, in *Kcukackr* dagegen nicht. Das heißt, wir können Wörter lesen, wenn sie falsch oder unvollständig geschrieben sind, aber nur dann, wenn wir Modelle von dem gespeichert haben, was da stehen könnte.

Auf die Rechtschreibung bezogen bedeutet das: Nur wer geübt und fit im korrekten Schreiben ist, liest verdrehte Texte relativ mühelos. Leichter zu erfassen sind für uns alle aber Texte, die sich an die Regeln der Orthografie halten. Gute Gründe also für Schüler, weiterhin gute Noten im Diktat anzustreben!

Das Beherrschen der Rechtschreibung gehört zum guten Ton

Professor Dr. Nanna Fuhrhop lehrt am Institut für Germanistik an der Universität Oldenburg. Sie ist Autorin des Lehrbuchs »Orthografie« und erzählt, dass sie früher an einer Uni tätig war, an der es ein »Deutsch-Telefon« gab. Dort riefen Leute an, die sprachliche Zweifelsfälle geklärt wissen wollten. »Heißt es nun: *Anfang diesen Jahres* oder *Anfang dieses Jahres*«? Mit der Antwort, beides sei möglich, waren die Anrufer oft nicht zufrieden, sie verlangten nach Eindeutigkeit. Gerade bei schriftlichen Mitteilungen wollten sie unangreifbar korrekt sein. Das Beherrschen der Rechtschreibung sage viel über den Bildungsstand des Schreibenden aus – so die auch heute noch gelegentlich zu hörende Meinung.

Tatsächlich gelten für die geschriebene Sprache strengere Maßstäbe als für die gesprochene. Gesprochenes verhallt, Geschriebenes bleibt. Schreiben hat ja die Funktion, sprachliche Äußerungen nicht nur zu übermitteln, sondern sie dauerhaft zu bewahren. Das gilt seit Jahrtausenden. Deshalb wird auf die Art und Weise, wie Wörter verschriftet werden, innerhalb einer Sprachgemeinschaft besonderer Wert gelegt. Außerdem übernimmt die geschriebene Sprache die regionalen Unterschiede der Aussprache nicht. Das ist praktisch: Die Flensburger schreiben wie die Passauer. So haben Plattdeutsch Schnackende und tiefstes Bairisch Redende zumindest schriftlich eine gemeinsame Kommunikationsbasis!

Menschen, die vor rund 50 Jahren ihr Abitur gemacht haben, wussten noch ziemlich genau, was das war: richtiges Deutsch. Es war das, was in der Schule unterrichtet wurde, was sich in Literatur und Dichtung fand, was in gehobenen Zeitungen und Zeitschriften stand. Manchmal war das richtige Deutsch auch das, was im Elternhaus gesprochen wurde. Und bei Fragen, wie das richtige Deutsch korrekt zu schreiben sei, gab der Duden eindeutige Auskunft.

Heute ist das viel schwieriger. Viele Zeitungen haben ihre Korrektoren und Schlussredaktionen abgeschafft – mit dem Ergebnis, dass die Beiträge nun mehr Fehler aller Art enthalten, nicht nur solche, die dem Druckfehlerteufel anzukreiden sind. Flüchtigkeit? Gleichgültigkeit? Unwissen? In TV-Talkshows fallen sich die Teilnehmer ins Wort. Für richtiges Deutsch, für intelligente, präzise Formulierungen ist da weder Zeit noch Gelegenheit. Manager sprechen schwer verständliches Denglisch, Lehrer verständigen sich mit ihren vielsprachigen Schülern in einer Art Basisdeutsch. Und im Duden finden sich nach der Einführung der neuen Rechtschreibung viele Schreibvarianten, die es früher so gar nicht gegeben hat. Da ist dann die eine Schreibung korrekt, die andere aber auch. Der Ratsuchende soll selbst entscheiden. (Für alle, die es genau wissen wollen: *Rat Suchender* geht auch).

Im Lehrbetrieb und in der Verwaltung gelten die amtlichen Regeln

Theoretisch muss man die Sache mit der Rechtschreibung eigentlich nicht so eng sehen. Nach wie vor gilt: Jeder kann schreiben, wie er mag und wie er es für richtig hält. Ausnahmen: Die amtliche Schulrechtschreibung wird den Schülern und Studenten und den Beamten und Angestellten im öffentlichen Dienst abverlangt. Und wer eine schriftliche Arbeit abgibt, bei der es selbstverständlich auf die Orthografie ankommt, sollte die aktuelle Rechtschreibung beherrschen, sonst fällt er womöglich trotz guten Fachwissens durch.

In der Praxis ist es oft so, dass Menschen, die auf Rechtschreibung keinen Wert legen oder sie nicht richtig gelernt haben, keine fehlerfreien Mitteilungen schreiben und auch keine korrekten Bewerbungen verfassen können. Dadurch haben sie weniger Chancen im Alltag – besonders bei der Jobsuche – als Mitbewerber, die die Rechtschreibung beherrschen. Und selbst wer locker darüber hinwegsieht, ob man *Stängel* mit e oder wirklich mit *ä* schreibt, legt allergrößten Wert darauf, dass sein Vor- und Familienname korrekt geschrieben sind. Nanna Fuhrhop dazu:»Sämtliche Diskussionen mit Studierenden, ob wir überhaupt eine Rechtschreibung brauchen, gipfelten und endeten darin, dass die eigenen Namen keineswegs und von niemandem anders geschrieben werden dürfen.« *Becker* – nein, nicht doch, nicht mit e, sondern mit *ä*. Da zählt der richtige Buchstabe an Ort und Stelle plötzlich viel!

Ein Blick über den Zaun

Die deutsche Rechtschreibung sei besonders schwierig, hört man immer wieder. Viele Regeln, viele Ausnahmen. Haben es unsere Nachbarn leichter? Wie halten sie es mit ihrer Orthografie?

Am bedauernswertesten scheinen die Angloamerikaner zu sein. Im Englischen steht ein und derselbe Buchstabe für viele verschiedene Laute. In seinem Buch:»Heraus mit der Sprache« hat Hans Thalmayr alias Hans Magnus Enzensberger eindrucksvoll nachgezählt: »Ein *u* wird im Englischen auf mindestens 17 verschiedene Weisen wiedergegeben: durch u in *rule* oder *push*; durch ue in *blue*; durch ui in *fruit*; durch eu in *maneuver*; durch ou in *group*; durch ew in *stew*; durch o in *move*; durch oe in *shoe*; durch oo in *moon*; durch ough in *through*; durch oul in *would*; durch hou in *ghoul*; durch wo in *two*; durch orce in *Worcester*; durch uh in *uhlan*; durch ugh in *ugh*. – Und umgekehrt wird ein u selten wie ein u ausgesprochen, sondern je nachdem wie ein a in *run*, wie ein abgeschwächtes e in *upon*, wie ein œ in *turn*, wie ein ju in *duty*, oder es bleibt stumm wie in *guest*.«

Ein gesprochenes *i* findet sich auf dem Papier als *e, ea, ee, ie, y, ei* und sogar als *o* (in *women*) wieder.

George B. Shaw, der große Spötter, soll die englische Orthografie als »eine der gröbsten Versündigungen wider den gesunden Menschenverstand« geschmäht haben. Er hat diese Anschuldigung aufs Trefflichste belegt, indem er zeigte, dass das Wort *fish* genauso gut *ghoti* geschrieben werden könnte:

> › Man nehme aus »to laugh« den Lautwert der beiden letzten Buchstaben: Das geschriebene *gh* wird »f« gesprochen.
>
> › Dann nehme man sich »women« vor. Hier entspricht das *o* lautlich einem »i«.
>
> › Alsdann sehe man sich das Wort »nation« an; die Buchstaben *ti* haben den Lautwert von (im Deutschen) »sch« oder englisch »sh«.

Daraus folgt: Das aus *gh – o – ti* gebildete Wort »ghoti« ist auszusprechen wie »fish«.

Es heißt, Shaw habe testamentarisch einen Teil seines Vermögens dazu bestimmt, die Schreibweise des Englischen zu reformieren. Daraus ist nichts geworden, mal abgesehen davon, dass man in einigen amerikanischen Zeitungen »nite« statt »night« und »lite« statt »light«

lesen kann. Einige Linguisten meinen, dem Englischen täte eine Rechtschreibreform wirklich gut.

Auch im Dänischen ist die Kluft zwischen Aussprache und Schreibung groß. Es gibt keine klaren Regeln, mit deren Hilfe die Aussprache bestimmter Buchstabenkombinationen in jedem Wort eindeutig vorgesagt werden kann. Zwar hatten die Dänen verschiedene Rechtschreibreformen, 1948 wurde nach langen Diskussionen die Groß- und Kleinschreibung abgeschafft, 1955 gab es den »Majonæse Krieg«, weil Fremdwörter »eingedänischt« wurden, doch immer noch ist dänische Rechtschreibung sehr schwierig.

Die französische Orthografie ist ebenfalls nicht leicht zu lernen, denn sie enthält viele »stumme« Buchstaben: *Les jeunes femmes* wird gesprochen: *le jön fam*. Die Endungsbuchstaben, obwohl wichtig, tauchen in der Aussprache nicht (mehr) auf. Linguisten sprechen hier von einem »tiefen« Schriftsystem, weil seine Logik sich nicht auf der phonologischen Ebene, sondern erst auf der morphologischen Ebene erschließt, also da, wo es um die kleinsten funktionstragenden Elemente der Sprache geht.

Am leichtesten scheinen es die Spanier mit ihren Rechtschreibregeln zu haben. Ihr System gilt als »flach«, was keineswegs abwertend gemeint ist. »Flach« heißt eben, das Schriftsystem erschließt sich phonologisch. Tatsächlich entspricht die spanische *ortografía* in geradezu idealer Weise dem Motto: Schreib, wie du sprichst. Jeder Laut des gesprochenen Wortes findet seine Entsprechung in einem Buchstaben. Fremdwörter werden in ihrer Schreibung angepasst, sodass sich die Aussprache von selbst ergibt. Englisch *football* wird zu *futbol*, gesprochen wie geschrieben.

Ähnlich verhält es sich mit der italienischen Rechtschreibung. Sie spiegelt die Laute relativ zuverlässig wider. Das heutige Italienisch gebraucht 21 Buchstaben des lateinischen Alphabets. Die Buchstaben *k, j, w, x, y* kommen nur in Fremdwörtern vor. Zur Klarheit wird der Akzent hin und wieder zur Bedeutungsunterscheidung gebraucht: *e* heißt »und«, *è* bedeutet »er ist«. Allerdings gibt es bei bestimmten Buchstabenkombinationen doch einige Eigenheiten zu beachten. Hier ein paar Beispiele:

> Folgt auf den Buchstaben *g* ein *e* oder ein *i*, so wird dieses *g* wie *dsch* gesprochen. Der Giro d'Italia ist den Radsportfans ein Begriff. Auf dem Girokonto kreist das Geld wie die Radrennfahrer auf der italienischen Rennstrecke – beides also mit *dsch*. Eine *ghirlanda* dagegen ist eine Girlande. G wie im Deutschen.

> Folgt auf den Buchstaben *c* ein *e* oder ein *i*, so wird dieses *c* wie *tsch* ausgesprochen: *cento, cinema!*

> Sollte auf das *i* direkt ein weiterer Vokal folgen, bleibt das *i* stumm: *ciao!*

> Auch das *h* bleibt stumm. Es hebt die Wirkung von *e* oder *i* auf. Deshalb wird *spaghetti* »spagetti« ausgesprochen. *Spagetti* (ohne *h*) würde wie »spadschetti« gesprochen. Also beim Bestellen von *Chianti* immer »Kianti« sagen!

Die deutsche Rechtschreibung hat viele Spezialitäten

Typisch für die deutsche Rechtschreibung und für die Schwierigkeiten, die sie ihren Schreibern machen kann, sind – nicht nur, aber vor allem – folgende Besonderheiten:

1. die Groß- und Kleinschreibung
2. die Getrennt- und Zusammenschreibung
3. die Markierung der Vokale
4. die Zeichensetzung
5. die Sache mit dem ß
6. Problemwort: *dass*

Der Reihe nach:

Zu 1: Groß- und Kleinschreibung. Im Gegensatz zu anderen Rechtschreibsystemen werden im Deutschen Substantive grundsätzlich großgeschrieben. Das zeigte sich bereits anno 1543 in der Lutherbibel, deren Verwendung von Großbuchstaben unserer Substantivgroßschreibung schon recht nahekam. Entwickelt hat sich die Regel durch das ehrfürchtige Großschreiben von Begriffen wie Gott, Papst und von allem, was als heilig galt; dann kamen die Namen von Kaisern und Fürsten hinzu, schließlich schrieb man Dinge wie Tisch und Stuhl groß, danach auch Abstraktes wie Freude, Schmerz und Liebe. Um die Verständlichkeit eines Textes zu erhöhen, verwendeten dann im 16. Jahrhundert Setzer und Drucker die Großschreibung auch bei anderen wichtigen Wörtern im Satz. Grammatiker, die es damals auch schon gab, fassten die intuitive Verfahrensweise der Setzer und Drucker in ersten Regeln zusammen.

Gegen die Groß- und Kleinschreibung spricht, dass sie für den Schreibenden schwerer zu erlernen ist als die »gemäßigte« Kleinschreibung, in der lediglich Eigennamen und Satzanfänge großgeschrieben werden. Für die Groß- und Kleinschreibung spricht, dass Lesende die Satzinhalte leichter erfassen. In Experimenten hat sich gezeigt: Groß- und Kleinschreibung wirken sich äußerst positiv auf die Lesegeschwindigkeit aus.

Was unsere Schreibung verkompliziert, ist, dass wir nicht nur Substantive großschreiben, sondern auch andere Wörter, die als Substantive verwendet werden, wie *Auf und Ab* in dem Satz *»Schluss mit dem ewigen Auf und Ab«*, und Wörter, die wie Substantive aussehen, neuerdings auch: *Aufs Herzlichste, im Allgemeinen*. Was die Sache weiterhin schwierig macht, ist, dass bestimmte Substantive »verblasst« sind, sich in eine andere Wortart gewandelt haben und daher kleingeschrieben werden: *kraft seines Amtes* oder *mir ist angst und bange*. In manchen Fällen sind sowohl Groß- wie Kleinschreibung möglich: *Du hast dir etwas zuschulden kommen lassen*. Aber auch: *Du hast dir etwas zu Schulden kommen lassen*.

Zu 2: Getrennt- oder Zusammenschreibung. Lob der Lücke! Ohne sie könnten wir einen Satz nur mit Mühe auseinanderbuchstabieren. (Siehe dazu das Kapitel über Schrifterwerb). Klar ist, dass Wortzwischenräume das Lesen erheblich erleichtern. Da es im Deutschen viele zusammengesetzte Wörter gibt, wie z. B. *Hochschulrahmengesetz*, kann es ratsam sein, zur besseren Übersichtlichkeit einen Bindestrich einzufügen: *Hochschul-Rahmengesetz*.

Meist ist ziemlich klar, ob zwei Wörter getrennt oder zusammengeschrieben werden. Obwohl *Blumenkohlsuppe* ohne Zweifel zusammengeschrieben wird, gibt es auch Kontexte, in denen Getrenntschreibung zwingend ist: *Er kocht Blumenkohlsuppe.* Aber: *Er kocht aus Blumenkohl Suppe.* Schwieriger sind Fälle wie *radfahren* oder *Rad fahren, Brust schwimmen* oder *brustschwimmen*? (Richtig ist: »Rad fahren«; »brustschwimmen« ist korrekt, aber »Brust schwimmen« auch.)

Häufig finden sich Bedeutungsunterschiede: *Sie kann nicht frei sprechen.* Und*: Der Richter wird ihn freisprechen.* Solche Sätze richtig zu schreiben, dürfte für einen Muttersprachler kein Problem sein. Nanna Fuhrhop ist überzeugt, dass viele Fälle der Getrennt- und Zusammenschreibung für die meisten Schreiber ähnlich einfach lösbar sind wie der Fall Blumenkohlsuppe. Oft kann man da auf seine Intuition vertrauen.

Zu 3: Markierung der Vokale. Warum schreiben wir, wie wir schreiben? Das hat natürlich historische Gründe. Immer wieder hat sich die gesprochene Sprache gewandelt, was zur Folge hatte, dass die Schreibung angepasst werden musste. Im Mittelalter veränderte sich unter anderem die Aussprache der Vokale. Um für den Leser auf den ersten Blick deutlich zu machen, ob es z. B. bei dem geschriebenen Wort *sat* um *satt* oder um *Saat* ging, wurden Kürze bzw. Länge der Vokale gekennzeichnet, allerdings auf verschiedene Weisen, sodass es keine festen Regeln gibt. Dennoch: »Auch dieses System hat seine innere Logik, die sich allerdings nicht auf den ersten Blick erschließt«, sagt Dr. Fuhrhop. Für Laien leicht erkennbar ist zumindest Folgendes:

Für lange Vokale wurde

> › ein **Dehnungs-h** eingefügt – wie in *Bahn, Reh, Kuh.*
>
> › der **Vokal verdoppelt** – wie in *Saal, See, Moor.* Ein doppeltes *i* gibt es interessanterweise nicht, denn ii könnte man als *ü* lesen. Auch *u* wird nicht verdoppelt, da besteht Verwechslungsgefahr mit *w*. (Im Englischen heißt im Hinblick darauf *w* übrigens *double-u*). Beim langen *i* und *u* schreiben wir deshalb *ie* und *uh*.

(Wie bei jeder Regel gibt es auch hier Ausnahmen, nämlich lang gesprochene Vokale ganz ohne Dehnungszeichen: *Not, tot, rot, Tat, Rat, Mut* – was die Rechtschreibung nicht einfacher macht.)

Zu den Erkennungszeichen kurzer Vokale gehören Doppelkonsonanten wie in *Ball, matt, Ebbe, Panne*. Und zwei oder mehr Konsonanten am Ende einer sogenannten geschlossenen Silbe wie in *Hund, Wurst, blind*. Ausnahmen sind *Mond*, da wird das *o* lang gesprochen trotz der beiden folgenden Konsonanten, und kleine, aber häufig gebrauchte Wörter wie *man, bis, mit, ob, zum*, die einen kurzen Vokal haben, auch ohne dass ihm mehrere Konsonanten folgen.

Mal angenommen, das Deutsche würde aus Vereinfachungsgründen auf alle Dehnungszeichen verzichten, wie schwer wäre dann ein Satz wie *ich se in im sal am stul lenen = ich sehe ihn im Saal am Stuhl lehnen* zu entziffern!

Zu 4: Satzzeichen. Gute Nachrichten für Zeichensetzmuffel: Durch die Rechtschreibreform bleiben von 57 Kommaregeln nur noch neun Grundregeln übrig. Auch bei erweiterten Infinitivsätzen mit *zu* ist ein Komma nicht mehr zwingend vorgeschrieben. Den Schreiber mag es freuen, mancher Leser wird rätseln. Denn die Interpunktion ist ein wichtiges Werkzeug, umfangreichere Satzkonstruktionen durchschaubar zu machen. Welches Wort im Satz gehört wozu? Was ist eigentlich gemeint? Beispiel: Ich verspreche heute dir zu helfen. Heißt das, das Versprechen wird heute abgegeben – für einen späteren Termin? Also: Ich verspreche heute, dir zu helfen. Oder wird die Hilfe nur für heute zugesagt? Ich verspreche, heute dir zu helfen. Ein Komma an der richtigen Stelle schafft Klarheit. Will der Schreibende sich verständlich machen, setzt er das Komma so, dass es ausdrückt, was gemeint ist – auch wenn die Rechtschreibregeln das nicht unbedingt verlangen.

Zu 5: Die Sache mit dem ß. Was für ein kurioser Buchstabe! Eigentlich besteht er aus zweien, nämlich dem *s* und dem *z*. Er steht nie am Wortanfang, wird nie großgeschrieben. Und es gibt ihn nur im deutschen Alphabet, allerdings verzichten die deutschsprachigen Schweizer und die Liechtensteiner auf ihn.

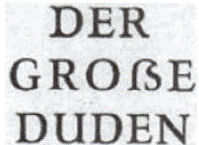

Titelblatt des Duden, Leipzig 1957

Was für eine wechselvolle Geschichte auch! Das ß stammt aus den gotischen Kursivschriften des Mittelalters, war in den Druckschriften europaweit verbreitet, bis die Frakturschrift aus der Mode kam – außer in Deutschland, da blieb sie erhalten. Einer Anekdote zufolge wollte man in der Weimarer Republik auf das ß verzichten, aber als ein Abgeordneter in der Zeitung mit den Worten zitiert wurde: »Bier, in Massen getrunken, ist eine Gabe Gottes«, wurde es schnell wieder eingeführt. Die Frakturschrift schaffte Hitler 1940 ab. Das ß überlebte auch das. Bald soll es sogar als Großbuchstabe glänzen können. Denn immer öfter werden Namen in Versalien (Großbuchstaben) geschrieben, z. B. die Stadt Gießen. Das sieht dann so aus: GIEßEN und gefällt niemandem so recht. Deshalb soll jetzt, wie in allen Zeitungen zu lesen war, auf Initiative des Deutschen Instituts für Normierung (DIN) ein Versaleszett entwickelt werden.

Die Rechtschreibreform hat den Gebrauch des ß eingeschränkt. Manche meinen, man hätte das ß ganz abschaffen müssen, andere sind der Ansicht, gerade am Schluss eines Wortes sei das ß unverzichtbar. Wie auch immer: Statt *Kuß* schreibt man jetzt *Kuss*, statt Ausschuß jetzt Ausschuss. Was auch einmal zu einer regelrechten s-Parade führen kann wie in *Ausschusssitzung*. Die Regel lautet, ß bleibt nach langem Vokal oder nach einem Doppellaut wie *au, ei, eu* erhalten. So können wir *Maße* und *Masse* auch weiterhin auseinanderhalten. Die Schweizer, bei denen das ß seit Langem abgeschafft ist, können das sicher auch, müssen aber vielleicht Bruchteile von Sekunden länger drüber nachdenken, was gemeint ist…

Zu 6: Problemwort: dass. Zu den häufigsten Fehlern gehört die Verwechslung der beiden gleichlautenden Wörter *das* und *dass*, weil die Schreiber die Wortarten nicht auseinanderhalten können:

das kann ein Artikel, ein Relativ- oder ein Demonstrativpronomen sein. Es gilt die Eselsbrücke: Immer, wenn *das* durch *dieses, jenes* oder *welches* ersetzt werden kann, schreibt man *das*.

dass dient als Konjunktion zur Verknüpfung eines Satzes mit einem ihm übergeordneten »Rahmensatz«:

Er erklärte: Er habe Probleme mit den beiden Wörtern.
Er erklärte, **dass** er Probleme mit den beiden Wörtern habe.

Und hier noch ein hübscher Satz zum Üben: Wetten, dass das »dass«, das das »dass« aus »Wetten, dass« ist, mit Doppel-s geschrieben wird?

Hier haben es Englisch sprechende Menschen übrigens mal leichter als wir: Bei ihnen steht für *das* wie für *dass* immer »that«.

Die deutsche Sprache treibt ständig Knospen, Blüten und neue Triebe

Unsere Sprache verändert sich und mit ihr die Regeln, die diesen Veränderungen Rechnung tragen. Das zeigt sich nicht nur bei der Rechtschreibung. Sprachbewusste Menschen möchten es genau wissen: Was ist gutes Deutsch, was ist schlechtes? Was ist richtig, was ist falsch? Doch darüber scheiden sich die Geister (siehe dazu auch das Kapitel über Sprachwandel). Paradebeispiel: *gewunken*. Der Satz, geschrieben oder gesprochen: *Er hat mir gewunken,* wäre vor einigen Jahren sofort verbessert bzw. als Fehler angestrichen worden. Denn *winken*, so hieß es damals, sei nun mal ein schwaches Verb, bilde seine Vergangenheit mit *winkte* und sein Partizip heiße *gewinkt*. Es folgt nicht dem Beispiel von *sinken*, das ein starkes Verb ist und deshalb *sinken, sank, gesunken* konjugiert wird. In unseren heutigen Zeiten, in denen die Grenzen zwischen der Hochsprache und der Umgangssprache immer stärker verwischen, wird dies differenzierter gesehen. Längst findet sich die Form *gewunken* nicht mehr allein in der gesprochenen Sprache. Sie hat vielmehr Einzug gehalten in Bücher, Zeitschriften sowie Rundfunk- und TV-Runden. Für Sprachwissenschaftler ist so eine Veränderung nichts Aufregendes. Ihre Erklärung lautet »Analogiebildung« und das heißt hier so viel wie »Menschen vereinfachen gern«. Wenn es in ihrer Sprache gleichklingende Verben gibt wie *sinken* und *winken*, die aber unterschiedlich konjugiert werden, dann gleichen sie sie eben einfach an.

Ein anderes Ärgernis für Sprachempfindliche sind Nebensätze, die mit *weil* beginnen. *Ich ziehe einen Pullover an, weil es kalt ist.* Nur so, mit dem Verb am Ende des Nebensatzes, galt die Satzstellung früher als korrekt. Seit Jahren hört man aber immer öfter: *Ich ziehe einen Pullover an, weil es ist kalt.* Auf *weil* folgt hier eine Hauptsatzkonstruktion, in der das Verb an zweiter Stelle steht. Was ist passiert? Vor allem in der gesprochenen Sprache wird *weil* nicht mehr ausschließlich als eine unterordnende Konjunktion verstanden, sondern auch als eine nebenordnende. Es funktioniert dann wie *denn*. Ob dieses Faktum eines Tages auch für das geschriebene Deutsch als standardsprachlich anerkannt wird, ist heute aber noch völlig offen. In SMS und Chats allerdings findet man diese Satzbildung häufig, vermutlich weil beide Kommunikationsformen dem spontanen mündlichen Austausch näherstehen als dem Schriftverkehr.

Und noch ein anderes Beispiel dafür, wie sich der Sprachgebrauch verändern kann: Aufgeschlossene Menschen empfinden es schon lange als problematisch, dass das Wort *Mädchen* ein Neutrum ist. Nur gestrengen Grammatikern geht es noch gegen den Strich, wenn sie Sätze wie die Verlagsankündigung des Buches »Schneeblüte« von Nancy Pickard lesen*: Nur der Sturm war Zeuge. Als sie das Mädchen im Schnee fanden, war sie tot.* Rasante Geschlechtsumwandlung, die dem allgemeinen Sprachgefühl, obwohl grammatisch eigentlich immer noch falsch, doch richtig und logisch erscheint.

Der Literatur- und Sprachwissenschaftler Dieter E. Zimmer bringt solche Entwicklungen auf den Punkt: »Objektive Maßstäbe für die Richtigkeit eines Sprachgebrauchs gibt es nicht. [...] Die Regeln der Sprache beruhen auf keinem himmlischen oder irdischen Dekret, aber auf einem generationenübergreifenden Konsens der Allgemeinheit.« (DIE ZEIT Nr. 31, 26. 7. 07)

Dieser Konsens sollte heute leichter herzustellen sein als je zuvor. Denn Deutsch schwächelt nicht. Im Gegenteil: Unsere Sprache ist so vital, dass sie überall neue Knospen, Blüten und Zweige treibt. Manche davon sind – wie das SMS- und Chatdeutsch – reichlich exotisch, aber eben auch witzig und beachtenswert.

Jetzt zählen Kürze und Tempo

Ein buntes Plakat vor einer Kirche in München verkündet in großen Lettern: *Jesus 4 U.* Junge Gemeindemitglieder und solche, die es werden sollen, verstehen die Botschaft auf Anhieb, ältere rätseln ein bisschen und staunen dann: »Aha: *Jesus for you* soll das heißen.« Hier wird eine Werbebotschaft an deutsche Empfänger nicht nur in Englisch *rübergebracht*, sondern sogar in hieroglyphenmäßigem Englisch.

Während in der deutschen Öffentlichkeit jahrelang die Rechtschreibreform diskutiert wurde, hat sich in aller Stille eine ganz andere Art der Schreibkultur entwickelt. Ihr geht es nicht darum, ob nun *Kuss* oder *Kuß* geschrieben werden soll, *Gämse* oder *Gemse*, ihr geht es um den allersparsamsten Einsatz von Buchstaben und Piktogrammen, denn je weniger geschrieben werden muss, desto schneller und platzsparender ist es. Beides, Schnelligkeit und Kürze bei guter Verständlichkeit, macht moderne Kommunikationsformen wie SMS (eigentlich: Short Message Service), Mail und Chat im Internet erst praktikabel.

Das Englische eignet sich dafür besonders gut, denn viele englische Wörter lassen sich durch einen einzigen Buchstaben oder eine Zahl ausdrücken. 2 B or not 2 B! Sein oder Nichtsein! Knapper lässt sich Hamlets grüblerische Frage nicht in Zeichen gießen.

Eine SMS folgenden Wortlauts kann einen Menschen überglücklich machen: *I love U 4 FR*. Das steht für »*I love you for ever*«. Und hat jemand etwas Lustiges gesimst (simsen ist seit den 1990er-Jahren im deutschsprachigen Raum die umgangssprachliche Bezeichnung für das Versenden von SMS-Nachrichten) und bekommt darauf per Handy die Antwort: LOL, weiß er, sein Scherz ist gut angekommen, denn LOL steht für »Laughing Out Loud«. Die Steigerung hierzu ist ROFL »Rolling On The Floor Laughing«, was – frei übertragen – so viel heißt wie »Ich wälze mich vor Lachen auf dem Boden«. Das T im englischen Original entfällt, weil es sich schlecht ausspricht. Manchmal reden die Computer-Kids, die Chatter und Simser nämlich auch miteinander, so richtig von Mensch zu Mensch. Aber, wen wunderts, natürlich in ihrem Chat- und SMS-Slang.

Im Internet gibt es lange Listen von Abkürzungen und Akronymen (Kunstwörter, die aus den Anfangsbuchstaben mehrerer Wörter zusammengesetzt sind wie zum Beispiel: EDV, ADAC und TÜV). Dort kann sich schlau machen, wer gewitzt mitchatten oder mitsimsen will.

Einige der am häufigsten gebrauchten Kombinationen:

IC   – I see. Ich verstehe.
4U   – For you. Für dich.
4YEO   – For your eyes only. Privat.
DND   – Do not disturb. Nicht stören.
BBL   – Be back later. Bin später wieder da.
2L8   – Too late. Zu spät.
CUL8r – See you later. Bis bald.
Sry   – Sorry. Entschuldigung.
Thx   – Thanks. Danke.
CU   – See you. Tschüss.

Auch im Deutschen funktionieren Abkürzungen und Akronyme, allerdings ohne den Einsatz von Zahlen. Folgende Kürzel werden häufig genutzt:

HDL   – Hab dich lieb
ILD   – Ich liebe dich
FG   – Fettes Grinsen
SBZ   – Schreib bitte zurück
HDF   – Halt die Fresse
KB   – Kein Bock
KA   – Keine Ahnung
BIBA – Bis bald
VLG   – Viele liebe Grüße

Auch wenn es immer wieder heißt, die Jugend von heute beherrsche ihre Muttersprache kaum noch, muss man sich um die Chatter und Simser keine ernsthaften Sorgen machen, vorausgesetzt, die Ergebnisse einer Studie der Universität von Coventry lassen sich auf deutsche Verhältnisse übertragen. Diese Studie mit 11-jährigen Schülern ergab, dass Heranwachsende, die viel chatten und simsen, einen viel besseren Wortschatz haben als ihre nicht chattenden Mitschüler. Die phonetische Verformung von Wörtern rege auch das Nachdenken über die Sprache selbst an. Die besten SMS-Schreiber verfügten auch über die besten Kenntnisse in der Rechtschreibung und über den besten Wortschatz, wie eine der Studienleiterinnen gegenüber der Zeitung »The Times« erläuterte.

Emoticons bringen die Gemütslage auf den Punkt

Doch es gibt nicht nur Abkürzungen und Akronyme in der modernen Kommunikation. Versierte Internet- und SMS-User benutzen auch sogenannte Emoticons, um sich schnell und deutlich mitzuteilen. Emoticons sind Zeichenfolgen, die aus den gängigen Satzzeichen zusammengestellt sind und die Gemütslage des Schreibers wiedergeben. Um sie besser erkennen zu können, ist es angeraten, den Kopf leicht nach links zu neigen. Hier einige Beispiele:

:-)	Soll heißen:	*Ich lächle, mir geht es gut.*
;-)	Soll heißen:	*Was ich schreibe, ist mit einem Augenzwinkern gemeint.*
:-o	Soll heißen:	*Ich bin gelangweilt.*
Ü	Soll heißen:	*Ich lache ganz laut.*
B-)	Soll heißen:	*Ich bin Brillenträger.*
:-(	Soll heißen:	*Ich bin ärgerlich, ich bin traurig.*
:-x	Steht für:	*Dicker Kuss*
:-D	Soll heißen:	*Ich lache.*
;-*	Soll heißen:	*Hoppla!*
:>#	Soll heißen:	*Bye, Auf Wiedersehen.*

Viele, die sich auf diese Weise schriftlich verständigen, schreiben grundsätzlich klein, setzen – abgesehen von Punkten – Satzzeichen nur sporadisch und verbessern Tippfehler nicht. Das alles allerdings gilt als unkorrekt. Denn auch im Netz herrscht keine Anarchie. Da gibt es »Netiquette«, den Knigge für die elektronische Kommunikation, im Internet nachzulesen. Empfohlen wird dort, auf durchgehende Groß- oder Kleinschreibung zu verzichten, da das den Text schlecht lesbar mache. Durchgängige Großschreibung wird im Netz zudem mit SCHREIEN gleichgesetzt und gilt daher als unhöflich.

Doch nicht nur die Jugend, auch ältere User nutzen die neuen Technologien. *Gechattet* wird mittlerweile generationenübergreifend, wobei diese Form des Schriftverkehrs dem mündlichen Austausch am nächsten kommt. Hier gilt für viele tatsächlich: »Schreib, wie du sprichst«– spontan und ohne Rücksicht auf Rechtschreibregeln.

Konventioneller geht es meist in E-Mails zu. Aus dem Privatleben wie aus der Berufswelt sind sie nicht mehr wegzudenken, denn sie wirken verbindlicher als mündliche Absprachen, aber nicht so förmlich wie Mitteilungen per Papier. E-Mails haben Brief- und Gesprächscharakter zugleich. Sie können mit *Sehr geehrte Damen und Herren* beginnen, sie können den unbekannten Empfänger aber auch durchgehend mit *Du* ansprechen. Sie enden kurz mit *lg (Liebe Grüße)* oder konventionell *Mit freundlichen Grüßen*. Das *Hochachtungsvoll* von einst hat jedoch keinen Einzug in die neue Kommunikationswelt gefunden. Es war wohl einfach zu verstaubt.

Auch das Simsen erfährt immer größere Wertschätzung, nicht nur unter Jugendlichen. Bundeskanzlerin Merkel soll es darin zu absoluter Könnerschaft gebracht haben und sogar blind unter der Regierungsbank SMS schreiben und verschicken können.

Literatur zum Weiterlesen

Dürscheid, Christa (2002): *Einführung in die Schriftlinguistik*. Wiesbaden: Westdeutscher Verlag.

Fuhrhop, Nanna (2005): *Orthografie*. Kurze Einführungen in die germanistische Linguistik. Bd. 1. Heidelberg: Winter.

Munske, Horst Haider (2005): *Lob der Rechtschreibung*. *Warum wir schreiben, wie wir schreiben*. München: Beck'sche Reihe.

Weitere Literatur

Nerius, Dieter (2007): *Deutsche Orthographie*. Hildesheim: Olms.

Schlobinski, Peter (Hg.) (2006): *Von *hdl* bis *cul8r*. Sprache und Kommunikation in den Neuen Medien*. Mannheim: Dudenverlag

Zeitschrift für Sprachwissenschaft (2007): Jubiläumsheft *Orthographie und Sprachwissenschaft*. Band 26.

Warum Babys alle Sprachen können

Kennen Sie den? In einer großen Familie wird ein Kind geboren. Es entwickelt sich prächtig, aber es spricht nicht. Kein einziges Wort. Niemals. An seinem vierten Geburtstag sitzt die Familie beim festlichen Mittagessen. Plötzlich sagt das Kind klar und deutlich: »In der Suppe fehlt Salz.« Die Familie ist wie vom Donner gerührt. Alle rufen durcheinander. »Paulchen spricht!« »Aber Paulchen, du kannst ja sprechen!« »Ein Wunder, ein Wunder, Paulchen spricht!« Schließlich fragt die Mutter: »Aber Kind, was war bloß los mit dir? Warum hast du nie etwas gesagt?« Antwort: »Bisher war die Suppe immer in Ordnung.«

Ein Witz, sicher. Aber er zeigt ein Phänomen, das auch Linguisten intensiv erforschen: Bevor ein Kind sein erstes verständliches Wort spricht, weiß es offenbar eine ganze Menge über die Sprache. Doch *was* die Kleinen dann schon im Kopf haben und *wie* sich ihre Sprache entwickelt, ist noch lange nicht vollständig geklärt, obwohl sich die Menschen bereits seit Jahrtausenden dafür interessieren, woher die Sprache kommt. Eine faszinierende Frage. Schließlich ist unsere Sprache die schärfste Grenze zwischen Mensch und Tier. Wir kommunizieren und wir denken mithilfe von Sprache.

Die Frage nach dem Woher hat im Lauf der Geschichte viele Blüten getrieben und Theorien hervorgebracht, die uns heute zum größten Teil äußerst seltsam anmuten. Doch dahinter steckt eine Idee, die viele Sprachwissenschaftler verfolgen: Die Idee einer gemeinsamen Ursprache bzw. einer Urgrammatik, aus der sich alle Sprachen der Welt entwickelt haben bzw. die alle Menschen bereits bei der Geburt in sich tragen.

Bis in die heutige Zeit schaurig-berühmt sind z. B. zwei Experimente von wissenschaftlich interessierten Herrschern: Einer lebte rund 600 Jahre vor Chr. in Ägypten, der andere im 13. Jahrhundert nach Chr. in Europa – Psammetich I und Friedrich II. Von beiden wird überliefert, dass sie auf der Suche nach der Herkunft der Sprache neugeborene Kinder isoliert aufziehen ließen von Menschen, die kein Wort mit ihnen sprechen durften. Das Ergebnis: Im ägyptischen Experiment sollen die Kleinen wie Ziegen, mit denen sie aufgewachsen waren, gemeckert haben. Was der Sage nach den Herrscher veranlasste, aus diesem »bek-bek« abzuleiten, dass die Sprache der Phrygier die Ursprache aller Menschen sei. Denn dieses Volk bezeichnete sein Brot mit »bekos«.

Im europäischen Experiment sollen alle Kinder noch als Babys gestorben sein. Welche Schlüsse daraus gezogen wurden, ist nicht überliefert. Heute steht jedoch fest, dass ein Kind keine Sprache lernen kann, wenn es niemals eine gehört oder gesehen hat. Wie viel davon nötig ist und auf welche Weise es am besten damit konfrontiert wird, darauf gibt es keine eindeutigen Antworten. Die Antwort auf die Frage nach einer Ursprache konnte ebenfalls noch nicht geklärt werden.

Schon Neugeborene erkennen Sprache

Die Vorstellung einer gemeinsamen Urgrammatik oder zumindest einer angeborenen Fähigkeit, die Struktur von Sprache zu entwickeln, klingt sehr einleuchtend, wenn man beobachtet und untersucht, wie Kinder ihre Muttersprache erwerben.

Sprachforscher wissen darüber heute sehr viel – wenngleich sie noch lange nicht alle Details kennen.

Vor allem seit durch die modernen bildgebenden Verfahren wie z. B. die Positronen-Emissions-Tomographie (PET) auch die Gehirnforscher immer schnellere und größere Fortschritte machen, lassen sich erstaunlich viele Fragen beantworten.

Italienische Forscher haben beispielsweise Neugeborenen Sprache vom Band vorgespielt und festgestellt, dass sich dabei die Durchblutung der linken Hirnareale gesteigert hat. Das lässt die Vermutung zu, dass die Neugeborenen das Gehörte als Sprache wahrgenommen haben, denn in der linken Gehirnhälfte wird nach heutigen Erkenntnissen Sprache vorwiegend produziert und verarbeitet. Um sicherzugehen, spielten die Forscher den Neugeborenen das Tonband rückwärts vor. Ergebnis: Im Gehirn passierte nichts bzw. es wurden keine zusätzlichen Aktivitäten festgestellt. Dieser Effekt trat auch bei Erwachsenen auf, wenn man ihnen eine Sprache vorspielte, die sie nicht kannten. Die Wissenschaftler schließen daraus, dass das Gehirn automatisch eine Sprache als solche erkennt. Rückwärts abgespielte Tonbänder werden nur als Geräusch wahrgenommen. Doch solche Ergebnisse reichen als Beweis, dass sprachliches Wissen angeboren ist, allein nicht aus.

Sicher ist: Was den meisten Erwachsenen locker über die Lippen kommt, also gesprochene Sprache, ist ein unglaublich komplizierter Vorgang und überhaupt nicht selbstverständlich. Vielmehr muss dafür ein ganzer »Sprechapparat« aus Lunge, Zwerchfell und Luftröhre für die Atmung sowie Mund, Nasenhöhle, Lippen, Zunge, Zähne, Stimmbänder, Kehlkopf und Gaumen für die Artikulation allerfeinst abgestimmt arbeiten. Und nicht zuletzt wäre Sprache ohne eine ungeheuer grandiose Leistung unseres Gehirns nicht möglich, das dieses komplexe System aus Wörtern und Grammatik speichert und verarbeitet.

Doch um Sprache – in diesem Fall die Lautsprache (siehe auch das Kapitel über Gebärdensprache) – überhaupt erwerben zu können, muss man hören können. Dieser wichtige Sinn entwickelt sich bereits ab der dritten Schwangerschaftswoche beim Ungeborenen im Mutterleib. Spätestens ab der 24. Schwangerschaftswoche reagiert der Fötus auf Laute von außen, wie Messungen von Herzfrequenz und Bewegungen gezeigt haben. Ist das Baby dann auf der Welt, muss es aus dem Gehörten nach und nach eine gesprochene Sprache entwickeln.

Ist doch ganz einfach, dachten viele Menschen – auch Wissenschaftler – lange Zeit. Das Kind muss nur lange genug zuhören und dann nachsprechen, bis es keine Fehler mehr macht. Heute wissen die Sprachforscher, dass es so einfach nicht ist. Ganz im Gegenteil!

Sprechen lernen – eine komplexe Aufgabe

Um die Muttersprache zu erwerben, muss ein Kind weitaus mehr leisten als einfach nur zuzuhören. Schließlich ist für so ein Baby alles vollkommen neu.

Es kann beim Lernen auf gar nichts zurückgreifen. Es hat nichts, womit es das Gehörte vergleichen kann. Deshalb lässt sich auch der Erstspracherwerb nicht damit vergleichen, wenn man als Erwachsener eine zweite Sprache lernt. Denn dann verfügt das Gedächtnis ja bereits über ein System, über Regeln und Inhalt einer Sprache. Neugeborene Menschenkinder müssen bei null beginnen – bzw. bei den Voraussetzungen fürs Sprechenlernen, die sie mit auf die Welt bringen. Und die sind nicht ohne.

Denn »ihr Gehirn ist neuronal auf Sprache gepolt«, erklärt Professor Dr. Monika Rothweiler, Professorin für angewandte Sprachwissenschaft und Phonetik an der Universität Hamburg und Expertin auf dem Gebiet des Spracherwerbs und der Spracherwerbsstörungen. Offensichtlich lernen alle Kinder, die eine gemeinsame Muttersprache erwerben, diese nach ähnlichen Mustern und in ähnlichen Phasen und Zeitabschnitten.

Der Anfang ist das Hören. Was daran für ein Neugeborenes so besonders ist? Man muss sich nur einmal vorstellen, dass man einem Küchengespräch in einem asiatischen Restaurant zuhört, in dem ausschließlich Menschen aus diesem Sprachraum arbeiten. Oder den Durchsagen in einem Flugzeug oder auf einem Bahnhof in einem Land, dessen Sprache man nicht kennt und noch nie gehört hat. Was man da wahrnimmt, sind Geräusche – eine ununterbrochene Kette von Lauten. Doch aus diesen Sprechgeräuschen lässt sich weder erkennen, was ein einzelnes Wort ist, noch wann ein Satz beginnt oder endet oder gar, was er bedeuten könnte.

Vor dieser Situation steht also das Kind, wenn es zur Welt kommt. Da wird schnell klar, dass es nicht ausreicht, einfach nur zuzuhören und nachzuplappern, um sprechen zu lernen.

Ein Kind muss vielmehr eine ganze Reihe von hoch komplizierten Aufgaben bewältigen, erklärt Professor Rothweiler. Bis es sich halbwegs wie ein Erwachsener unterhalten kann, muss es einige wichtige Fähigkeiten erwerben:

> Es muss erkennen, dass hinter den Lauten aus seiner Umgebung eine Absicht steckt und dass sie eine Bedeutung haben. Was hört ein Neugeborenes aber vorwiegend? *Dutzidutzikirrikirrinawoistdenndaskleineengelchenhaitaitai* …

> Solche und andere »Lautströme« muss es zerlegen, um einzelne Wörter, Satzteile, Sätze herauszuhören. Also: *dutzi dutzi, kirri kirri, na, wo ist denn das kleine Engelchen, hai, tai, tai* …

> Es muss herausfinden, wie es selbst Laute produzieren kann, um solche (und andere) Wörter und Sätze sprechen zu können.

> Es muss sich grammatische Regeln aneignen, damit es die Sprache seiner Umgebung versteht und selbst verstanden wird.

> Es muss unendlich viele unterschiedliche Wortformen, Wörter und ihre jeweilige Bedeutung lernen, im Gehirn speichern und jederzeit untereinander verknüpfen und wieder abrufen können (das nennen Linguisten ein mentales Lexikon anlegen).

> Es muss lernen, wie sich auch komplexe sprachliche Gebilde entschlüsseln lassen.

> Es muss durchschauen, wie unterschiedlich Sprache im Umgang mit anderen eingesetzt werden kann (Beispiel Ironie – das verstehen Kinder sehr lange überhaupt nicht).

> Es muss erkennen, dass es viele verschiedene Möglichkeiten gibt, mit anderen zu reden, je nachdem, wer es ist und in welcher Situation man sich befindet.

> Schließlich muss das Kind auch lernen, nach welchen Mustern Gespräche strukturiert sind.

Keine Frage, dass Jahre vergehen, bis diese Aufgaben erledigt sind. Auch keine Frage, dass dies nicht alles gleichzeitig bewältigt werden kann, wenngleich viele Fähigkeiten parallel entwickelt werden.

Doch so kompliziert das auch ist, so optimal sind Babys offensichtlich ausgestattet und darauf vorbereitet, ihre Muttersprache zu erwerben, wenn sie zur Welt kommen.

Schon in den ersten Lebenstagen kann ein Baby die eigene Umgebungssprache von anderen unterscheiden. Nach drei bis vier Wochen erkennt es seine Mutter an der Stimme, mit drei bis vier Monaten weiß es, ob es eine bekannte oder eine fremde Stimme hört. Und es erfasst instinktiv, in welchem Ton mit ihm oder in seiner Umgebung gesprochen wird, ob dieser liebevoll, zärtlich, tadelnd oder gar aggressiv ist. Das Baby registriert dies alles, ohne die Bedeutung einzelner Wörter zu verstehen.

Professor Dr. Janet Grijzenhout, die für ihre Forschungen an der Universität Konstanz ein Babysprachlabor gegründet hat, stellte in ihrer Antrittsvorlesung weitere faszinierende Forschungsergebnisse vor.

So wissen die Experten, dass menschliche Neugeborene als »Geräuschkulisse« am liebsten menschliche Sprache haben. Untersuchungen in Amerika und Frankreich haben sogar gezeigt, dass ihnen die Sprache der Eltern, also ihre Muttersprache, am allerliebsten ist. Vermutlich hängt es damit zusammen, dass sie diese Sprache bereits aus der Zeit im Mutterleib kennen.

Trotz dieser Vorliebe könnte ein Neugeborenes aber jede Sprache dieser Erde lernen. Egal, ob Japanisch, Chinesisch, Deutsch, Urdu, Französisch, Bengali, Thai oder Hindi. Worauf es ankommt, ist die Sprachumgebung, in die es hineinwächst, ist der sprachliche Input, den es bekommt.

Alle haben die gleichen Voraussetzungen

Neugeborene auf der ganzen Welt können »fast alle möglichen Sprachlautkontraste wahrnehmen«, erklärt Prof. Grijzenhout. Das heißt, sie erkennen verschiedene Laute und können diese auch unterscheiden.

Sie hören, ob es sich zum Beispiel um ein hochdeutsch oder fränkisch ausgesprochenes *p* wie in »Papier«, oder um ein *b* wie im Wort »Baby« handelt.

Diese Konsonanten klingen in verschiedenen Sprachen sehr unterschiedlich, was daran liegt, dass dafür die Lippen unterschiedlich lange geschlossen bleiben und die Zeit, bis danach die Stimmbänder in Schwingung geraten, unterschiedlich lang ist (Voice-Onset-Time, abgekürzt VOT, ist der Fachausdruck dafür). Es handelt sich dabei um Millisekunden. Die Lautforscher unter den Linguisten haben diese Vorgänge gemessen.

Neugeborene überall auf der Welt können diese Unterschiede hören. Egal also, welche Sprache sie lernen müssen, diese Voraussetzung bringen sie mit auf die Welt.

Doch diese Fähigkeit, so haben Wissenschaftler festgestellt, unterscheidet den Menschen noch nicht völlig vom Tier. Denn auch Affen und Chinchillas (kleine Nagetiere, ähnlich Kaninchen, die in Südamerika beheimatet sind und deren Pelz sehr beliebt ist) sind in der Lage, solche Kontraste wahrzunehmen. Was können die Säuglinge besser?

In aller Regel ist ein Neugeborenes vorwiegend einer einzigen Sprache in seiner Umgebung ausgesetzt (manchmal auch mehreren, aber dies ist kein Problem, siehe Kapitel Mehrsprachigkeit). Das führt dazu, dass Kinder nur die Fähigkeiten behalten, die sie für *ihre* Sprache benötigen.

Professor Grijzenhout: »Obwohl alle Neugeborenen in der Lage sind, Tonhöhen im Chinesischen zu unterscheiden, scheint es so zu sein, dass Kinder, die kein Chinesisch, sondern zum Beispiel Deutsch hören, die Fähigkeit, Tonhöhen zu unterscheiden, verlieren.«

Tonhöhen, die im Chinesischen eine wichtige Rolle spielen, haben in der deutschen Sprache keine Funktion. Also achten deutsche Babys nach einiger Zeit einfach nicht mehr darauf, anscheinend verlieren sie die Fähigkeit, den Unterschied zu hören. Das trifft für Babys aller Sprachen zu: Innerhalb des ersten Lebensjahrs behalten sie vor allem *die* angeborenen Fähigkeiten, die sie für ihre Sprache brauchen.

Was Säuglinge aber vor allem von Affen und Chinchillas unterscheidet: Sie konzentrieren sich auf Lautkontraste, lernen, Vokale zu unterscheiden wie etwa *i* und *ü* in den deutschen Wörtern *Tier/Tür, Biene/ Bühne.*

In einem wissenschaftlichen Experiment konnten deutsche Babys das bereits im Alter von 4 Monaten. Bei einer Studie mit 6 bis 8 Monate alten Babys aus Deutschland und Kanada haben die Forscher herausgefunden: Die allermeisten Babys aus beiden Sprachgebieten (deutsch und englisch) haben den Unterschied zwischen *dut* und *düt* (also die Laute *u* und *ü*) erkannt.

Das gleiche Experiment mit 10 bis 12 Monate alten Babys hat aber gezeigt: Die deutschen Babys hörten den Unterschied immer noch, die meisten kanadischen nicht mehr. In ihrer Muttersprache Englisch werden die Laute *u* und *ü* nicht unterschieden. Deutsche Babys wissen hingegen bereits in diesem zarten Alter, dass *u* und *ü* einen Kontrast bilden und nicht zur gleichen Kategorie gehören. Dadurch lernen sie entsprechende Wörter im Deutschen zu unterscheiden.

Weitere Untersuchungen haben gezeigt, dass Babys, die Englisch als Muttersprache erwerben, bereits mit 6 bis 8 Monaten aus einem Lautstrom, einer Wörterkette, Wörter wie *cup* oder *dog* heraushören. Und sie wissen auch, dass *dog* etwas anderes sein muss als *tog*. Das heißt, sie beherrschen bereits die für ihre Muttersprache wichtige »Erkenntnis«, dass sich *d* und *t* (und andere Laute) deutlich unterscheiden. Natürlich laufen diese Erkentnisse nicht im Bewusstsein ab, erklärt Prof. Grijzenhout.

Babys lallen in ihrer Muttersprache

Zuhören allein ist nicht alles, um die Muttersprache oder L1 (Erstsprache), wie Linguisten das nennen, zu erwerben. Gleichzeitig müssen ja die vielen anderen Fähigkeiten erworben werden, die weiter oben aufgezählt sind. Unter anderem die Fähigkeit, Sprache zu artikulieren, also selbst zu sprechen.

Ein Baby beginnt mit diesen Übungen sofort nach der Geburt, mit seinem ersten Schrei sozusagen. Denn mit jeder Lautäußerung trainiert es seinen Sprechapparat. Das ursprüngliche Schreien geht nach ein paar Wochen in Sprudel-, Prust- und Gurgellaute über, wird dann von Schnalz-, Schmatz- und Zischlauten abgelöst, um sich zwischen dem sechsten und neunten Lebensmonat in Silbenketten wie *dadada, mamamama* zu verwandeln. Daraus entwickeln sich etwas später zweisilbige »Wörter« wie *mem-mem, am-am, da-da*. Während dieser »Lallphasen« produzieren Kinder ein großes, buntes Repertoire an Lauten. Anfangs erheblich mehr, als sie für ihre Sprache brauchen. Dann diejenigen, die am häufigsten in ihrer Sprache vorkommen, und bereits mit etwa 10 Monaten hat das Kind seine Laute so deutlich seiner Muttersprache angepasst, dass diese bereits an der Sprachmelodie zu erkennen ist.

Ein deutsches Baby »lallt« also anders als ein italienisches oder ein indisches oder thailändisches.

Die meisten Spracherwerbsforscher zählen diese Phasen allerdings noch nicht zum Spracherwerb, sondern betrachten sie als Vorläufer zum Spracherwerb. Der beginnt für sie erst mit der »Phase der ersten 50 Wörter«. Bei den meisten Kindern beginnt sie in den ersten Monaten des zweiten Lebensjahres. Wobei das von Kind zu Kind sehr unterschiedlich sein kann, erklärt Professor Rothweiler. So lassen manche Babys bereits mit 9 Monaten ihr erstes absichtliches Wort vernehmen, andere haben es mit 15 Monaten noch nicht getan, sind aber dennoch normal entwickelt. Der Übergang von der Lallphase zur Phase der ersten 50 Wörter ist fließend.

Dabei spricht das Kind nicht etwa einfach 50 Wörter aus seiner Umgebung nach. Nein. Es produziert eigene, einfache Wörter, die aber in die Sprache seiner Umgebung passen und deshalb auch verstanden werden: *Ha-ba* (»haben«), *Wau-Wau*, *Didda* für »Ticktak«, *Papa, Mama, Muh, essa* für »Essen« bzw. »ich will essen«, *Gaga* für »Ente« usw.

Früher nannte man diese sogenannten »Protowörter« auch »Einwortsätze«. Sie klingen ähnlich wie die zweisilbigen Gebilde der letzten Lallphase, sind aber »ernst gemeint«. Das heißt, das Kind bestreitet damit bewusst seine ersten Unterhaltungen. Es spricht die Mutter direkt an, wenn es *Ma-ma* sagt – natürlich zu deren allergrößtem Entzücken. Es meint gezielt ein Tier oder einen Hund mit *wau-wau* usw.

Wenn ein Kind mit ein, eineinhalb Jahren seine ersten eigenen Wörter produziert, ist sein Lexikon nicht mehr leer. Bereits Monate vorher ist es in der Lage, viele Wörter zu verstehen. Jede Mutter kennt das: Ihr Kleines versteht ganz genau (und reagiert auch darauf), was »nein« heißt oder was mit »essen« gemeint ist, was es bedeutet, wenn die Mutter sagt, »komm, wir gehen spazieren«. Es kann »winke-winke«, »bitte-bitte« und viele andere Dinge verstehen, bevor es selbst spricht.

Große Leistung: Aufbau des Lexikons

Beständig kommen neue Wörter und Formulierungen zu den ersten hinzu. Das Kind baut sein »Lexikon« auf. Zu Beginn geht dies noch relativ langsam vonstatten. Drei bis fünf neue Wörter werden Anfang des zweiten Lebensjahres pro Woche aufgenommen. Je älter das Kind aber wird, umso schneller geht es voran. Meist ist es kurz vor dem zweiten Geburtstag des Kindes, wenn der »Wortschatzspurt« einsetzt und acht bis zehn neue Wörter täglich dazukommen. Das erfreut und erstaunt die Familie.

Der Aufbau des Lexikons fasziniert die Forscher besonders, denn hier geht es wieder um große Leistungen. Vereinfacht gesagt, muss die Sprache ja im Gehirn gespeichert und verarbeitet werden. Das heißt, ein Kind muss Wörter und Morpheme (kleinste sprachliche Einheiten mit Bedeutung) in seinem »mentalen Lexikon« ablegen. Das ist ein äußerst aktiver Vorgang. Denn zu jedem Wort muss das Kind eine Menge lernen und abspeichern: was es bedeutet, wie es gesprochen wird (phonetische Form), wie es strukturiert ist, wie es grammatikalisch richtig eingesetzt wird (Flexionsklasse), um welche Wortart es sich handelt (Verb, Substantiv, Adjektiv etc.). Doch mit diesem umfassenden Lexikoneintrag ist es noch nicht getan. Das Kind muss die Informationen, die es über ein Wort hat, untereinander verknüpfen. Und es muss die verschiedenen Wörter samt den dazugehörigen Informationen miteinander verknüpfen. Es muss also Verbindungen zu allen anderen Lexikoneinträgen herstellen, die bereits gespeichert sind.

Dass dies überhaupt nicht leicht ist, beschreibt Professor Rothweiler sehr anschaulich an einem Beispiel: Zeigt ein Erwachsener auf eine Tasse und nennt dieses Objekt *Tasse*, müsste dem Kind doch sofort klar sein, was gemeint ist – denken wir.

Aber woher soll das Kind, wenn es zum ersten Mal mit einer Tasse (oder einem x-beliebigen anderen Objekt) konfrontiert wird, wissen, dass sich das Wort *Tasse* auf den ganzen Gegenstand bezieht? Woher soll das Kind wissen, dass damit nicht die Farbe gemeint ist oder der Henkel? Es könnte ja auch »trinken« gemeint sein, also die Tätigkeit, die mit der Tasse in Verbindung steht. Es gibt also eine Menge zu lernen.

Was Forscher beobachtet haben: Kinder neigen auf dem Weg zum korrekten Wortschatz zu sogenannten Über- oder Unterdehnungen in der Wortbedeutung (wird auch Über- oder Untergeneralisierung genannt). Das heißt, ein Kind verwendet zum Beispiel das Wort *Hund* ausschließlich für Dackel oder es sagt *Hund* zu allen Vierbeinern, also auch zu Katzen, Elefanten (im Zoo) oder Meerschweinchen.

Das zeigt, dass es für ein Kind vor allem zu Beginn des Lexikonaufbaus schwierig ist, ein neues Wort richtig einzuordnen. Und trotzdem funktioniert es meist ziemlich reibungslos und in großer Geschwindigkeit.

Auch beim Lexikonaufbau gibt es starke individuelle Unterschiede zwischen einzelnen Kindern.

Professor Rothweiler: »Bei manchen Kindern zeigt sich der Wortschatzspurt in einer plötzlichen Steigerung von neuen Wörtern. Bei anderen kommen die neuen Wörter allmählich, aber kontinuierlich dazu. Wieder andere durchlaufen eine eher stufenförmige Entwicklung – kurze Phasen mit sehr viel Neuem wechseln sich mit konstanten Phasen ohne großartiges Wachstum ab.«

Normal entwickelte Zweijährige verfügen über einen aktiven Wortschatz zwischen 50 und 500 Wörtern. Aktiv heißt, dass sie diese Wörter zum Sprechen benutzen, der passive Wortschatz, also Wörter die sie verstehen, ist erheblich größer. Dreijährige nutzen aktiv mindestens 1 000 Wörter. Bis etwa zum vierten Geburtstag kann sich ein Kind gut artikulieren, es kann sich bis dahin sogar schon in einfachen grammatikalischen Sätzen ausdrücken, Sätze richtig bilden – es hat die Struktur seiner Muttersprache im Wesentlichen erworben und verfügt über einen nennenswerten Wortschatz von durchschnittlich 1 000 bis 2 000 Wörtern.

Fünf- bis Sechsjährige benutzen aktiv rund 3 000 bis 5 000 Wörter und verfügen bereits über einen passiven Wortschatz von etwa 14 000.

Zum Vergleich: Erwachsene Deutsche haben aktiv zwischen 20 000 und 50 000 Wörter zur Verfügung, passiv 50 000 bis 250 000. Die individuellen Unterschiede bleiben also. Doch wir lernen lange dazu – Professor Rothweiler sagt sogar, dass der Erwerb von Sprache, vor allem bezogen auf den Wortschatz, ein lebenslanger Prozess ist. Die zentralen Strukturen der Grammatik müssen allerdings bis zum Ende des vierten Lebensjahres erworben sein.

Ohne Grammatik geht nichts

Um eine Sprache für alle ihre Sprecher verständlich zu machen, müssen die einzelnen Wörter in einer ganz bestimmten Anordnung und in ganz bestimmten Formen gebraucht werden. Dafür gibt es Regeln: die Grammatik.

Kinder müssen also nicht nur Wörter und ihre Bedeutung lernen, sie müssen sich auch die Grammatik ihrer Muttersprache aneignen. Damit beginnen sie aktiv etwa am Ende der 50-Wort-Phase – also im Lauf des zweiten Lebensjahres und parallel zum Lexikonaufbau.

Gleichzeitig mit der Fähigkeit, Sätze zu bilden und neue Wörter zu lernen, machen Kinder im zweiten Lebensjahr erhebliche geistige und körperliche Fortschritte. Das können Mütter und Väter beinahe täglich erleben: Sie lernen laufen, werden wendig, geschickt und kletterfreudig. Sie verstehen fast alles, was man ihnen sagt, können viele Dinge benennen und sind unglaublich an allem interessiert, was in ihrer Umgebung vorgeht.

Grammatikalisch steigt das Kind nun in die Syntax ein. Das sind die Regeln, nach denen Wörter zu Sätzen zusammengefügt werden. Beim

Kind erkennbar an den Sätzen mit erst zwei, später auch mehr Wörtern, die es im zweiten Lebensjahr zunehmend bildet – *auto put* (»das Auto ist kaputt«), *Kaline fan* (»Karoline möchte fahren«, z.b. mit dem Karussell), *isn das? Jula, Puppe haben; Max Mimo tinkt* (»Max hat Limo getrunken«) ...

Besonders faszinierend an dieser Entwicklung ist, dass Kinder beim Erwerb der Grammatik ihrer Muttersprache Formen nicht nur übernehmen. Vielmehr produzieren und riskieren sie selbst eine ganze Menge. Erwachsene können sich über die – durchaus fruchtbaren – »Fehler« der Zwei- bis Dreijährigen sehr amüsieren.

Dabei »erkennt« das Kind lediglich eine Regel und wendet diese an – so lange, bis es herausgefunden hat, wie die nächste Regel funktioniert oder ob seine bereits erkannte Regel im konkreten Fall wirklich die passende ist.

Typisch auf dem Weg zur richtigen Grammatik sind zum Beispiel Mehrzahlformen wie »Eimers«, »Räubers«, »Schwanen« oder »Teleföne« und Verbformen wie »geschwimmt«, »gegeht«, »ich muss klavieren«.

»Die Regeln, die das Kind hier verwendet, sind offensichtlich aber nicht die passenden«, erklärt Professor Rothweiler. »Der Grund dafür ist, dass das Kind noch nicht über alle lexikalischen Informationen für die jeweilige Formenbildung verfügt.

Die Pluralendungen *-s* oder *-en* passen zu anderen Wörtern wie *Autos, Sofas, Bananen, Frauen.*

Partizipien werden mit *ge-* und *-t* gebildet wie in *gekauft,* das ist die korrekte Regel für reguläre Verben im Deutschen.

Bei irregulären Verben wie *schwimmen* und *gehen,* muss das Kind die Partizipstämme *-schwomm-* und *-gang-* lernen und wissen, dass bei diesen Stämmen die Endung *-en* zum Partizip gehört und nicht die Endung *-t.*«

Bis die Grammatik in den Grundzügen erworben ist, hat das Kind fünf Erwerbsphasen durchlaufen:

1. Einwortäußerungen (ab ca. 1 Jahr) – *Wauwau, Auto, haben!*

2. Zwei- und Mehrwortsätze mit Verben in der Stamm- und Infinitivform am Satzende (im 2. Lebensjahr) – *Mama simf* (»Mama schimpft«), *Papa schaf* (»Papa schläft«)

3. Mehrwortsätze mit unterschiedlichen Verbformen und der Flexionsform mit -t (Ende 2. und 3. Lebensjahr) – *hommt da?* (»wer kommt da?«); *Tommi tinkt* (»Tommi hat getrunken«); *Mama, zeig doch Bilder; leich siern gehen?* (»gleich spazieren gehen?«)

4. Mehrwortsätze mit vorwiegend richtig flektierten Verben, fast immer an der richtigen Stelle im Satz (ca. 3. Lebensjahr) – *Evi hat ein Auto; ich bau ein Turm; du sollst nicht laufen*

5. Mehrwortsätze mit Nebensätzen (4. Lebensjahr) – *Papa ist weg, in der Arbeit; Mama schau, der Hund macht Pipi.*

Kinder brauchen Input

Was Sprachforscher an den Vorgängen im Kindesalter besonders fasziniert, ist die bisher noch nicht beantwortete Frage, was es im Einzelnen ist, das ein Kind befähigt, sich in so kurzer Zeit das ganze komplexe System Sprache anzueignen. Ein System, das es uns ermöglicht, aus Vokalen und Konsonanten eine schier unendliche Vielfalt an Ausdrucks- und Bedeutungsmöglichkeiten zu produzieren. Und dafür brauchen wir nicht einmal viele dieser Vokale und Konsonanten – ungefähr 600 Konsonanten und 200 Vokale stehen allen Sprachen der Welt zur Verfügung, das Deutsche kommt mit ca. 21 Konsonanten und ca. 19 Vokallauten aus, manche Sprachen brauchen noch weniger, erklärt Professor Grijzenhout.

Sicher ist, dass das kindliche Gehirn beim Spracherwerb Unglaubliches leistet. Welche Strategien ein Kind dafür zur Verfügung hat, warum es dies alles kann und wie es das macht, darüber diskutieren die Forscher noch intensiv.

Ein besonders kompliziertes Terrain der Wissenschaft ist dabei die Erforschung des Verstehens. Wie lernt ein Kind die Bedeutung von

Wörtern? Was geschieht dabei im Gehirn? Fragen, auf die es noch keine Antworten gibt. Was aber heute schon sicher ist: Kinder lernen Sprache in den ersten wichtigen und prägenden Lebensjahren. Sie brauchen dafür, wie für alles andere, was sie in dieser Zeit lernen, Zuwendung und Vertrauen durch ihre Bezugspersonen. Sie benötigen weder Erklärungen noch Drill, aber sie brauchen Menschen, von denen sie geliebt und behütet werden. Sprache erlernen sie am besten im sozialen Austausch mit Erwachsenen und mit Gleichaltrigen. Denn sprachlicher Input ist wichtig.

Ein Kind muss Sprache hören. Es muss aber weder belehrt noch muss es korrigiert, noch muss es mit Sprache »zugeschüttet« werden, um immer wieder Neues auszuprobieren, all die komplexen Zusammenhänge, die seine Muttersprache ausmachen, zu erforschen, zu entdecken und zu lernen.

Warum Kinder Wörter nach den richtigen Regeln benutzen, *warum* sie neue Wörter erfinden, *wie* sie sich die Bedeutung der Sprache aneignen, *ob* und *welche* Strukturen bereits angeboren sind, werden wir vielleicht in einigen Jahren wissen – oder nie erfahren.

Literatur zum Weiterlesen

Rothweiler, Monika (2007): Spracherwerb. In: Meibauer Jörg u. a., *Einführung in die germanistische Linguistik.* Stuttgart: Metzler, 251–293.

Tracy, Rosemarie (2007): *Wie Kinder Sprache lernen. Und wie wir sie dabei unterstützen können.* Stuttgart: Francke.

Weitere Literatur

Meibauer, Jörg und Monika Rothweiler (Hgg.) (1999): *Das Lexikon im Spracherwerb.* Tübingen: Francke.

Miller, George A. (1993): *Wörter. Streifzüge durch die Psycholinguistik.* Heidelberg: Spektrum.

Papousek, Mechthild (1994): *Vom ersten Schrei zum ersten Wort: Anfänge der Sprachentwicklung in der vorsprachlichen Kommunikation.* Bern: Hans Huber Verlag.

Zwei, drei Sprachen?
Je früher, desto besser!

In Hamburg werden mehr als 140 verschiedene Sprachen gesprochen. In Zürich leben Menschen aus rund 165 Nationen. Mehr als eine Million Deutsche leben und arbeiten im Ausland. Jedes 3. Kind unter 6 Jahren hat in Deutschland einen Migrationshintergrund. Was diese Zahlen sagen? Ganz klar: Deutschland, ja ganz Europa, ist längst nicht mehr einsprachig.

Globalisierung, Europapolitik, multikulturelle Gesellschaft sind nur einige Schlagwörter, die heute sofort jeder mit der Notwendigkeit verbindet, in mehreren Sprachen kommunizieren zu können. Historisch und weltweit gesehen ist ohnehin Mehrsprachigkeit eher die Normalität und Einsprachigkeit die Ausnahme, wissen die Sprachforscher.

Im Beruf waren Sprachkenntnisse schon immer vorteilhaft. Heutzutage ist Flexibilität gefragt und wer Erfolg oder überhaupt einen Job haben will, muss zumindest Englisch können, besser noch mehrere Sprachen. So wird es in den allermeisten Stellenangeboten verlangt.

»Wer viele Sprachen kennt, hat viele Schlüssel für ein Schloss«, hat der große französische Schriftsteller und Philosoph Voltaire (1694–1778) schon vor langer Zeit gesagt. Wie recht er hatte!

Die meisten Menschen
können mehr als eine Sprache

Die meisten Deutschen bezeichnen sich in Umfragen als einsprachig oder geben an, eine Fremdsprache »nur sehr schlecht« zu beherrschen. Doch tatsächlich sind aus Sicht der Sprachforscher viel mehr Menschen bei uns mehrsprachig, als sie selbst denken. Das bestätigt auch Dr. Monika Rothweiler, Professorin für angewandte Sprachwissenschaft und Phonetik, Expertin auf dem Gebiet des Spracherwerbs sowie Mitglied des Sonderforschungsbereichs Mehrsprachigkeit an der Universität Hamburg.

Viele glauben, wie sich in ihren Umfragen herausgestellt hat, dass man sich nur dann als mehrsprachig bezeichnen darf, wenn man »mehr als eine Sprache vollständig und perfekt beherrscht.«

In der aktuellen Mehrsprachigkeitsforschung bedeutet Mehrsprachigkeit aber nicht mehr und nicht weniger, als »dass ein Mensch mehr als eine Sprache kommunikativ nutzen kann«, sagt Professor Rothweiler. Das heißt, man muss sich in mehr als einer Sprache mit anderen Menschen verständigen können. Dafür reicht in aller Regel auch das Französisch, Englisch oder Spanisch, das man in der Schule oder in einem Kurs gelernt hat.

Viele Sprachforscher zählen zur Mehrsprachigkeit sogar die Fähigkeiten von Menschen, sich in der Hochsprache sowie in einem Dialekt ausdrücken zu können (siehe auch das Kapitel über Dialekte).

Das bedeutet, dass es durchaus nicht notwendig ist, mehrere Sprachen vollständig und perfekt zu können, um mehrsprachig zu sein. Auch bei Einsprachigkeit ist die Variabilität zwischen den Sprechern erheblich und das sprachliche Wissen kann sich von Sprecher zu Sprecher deutlich unterscheiden. Besonders offensichtlich wird dies am Wortschatz, der bei Erwachsenen zwischen 50 000 und immerhin 200 000 oder mehr Wörtern variiert.

Wie unterschiedlich auch bei einsprachigen Menschen die Sprachkenntnisse sind, kann man im Alltag ständig feststellen. Was also für Einsprachigkeit schon wenig Sinn macht – nämlich die Frage nach absoluter Perfektion, ist für Mehrsprachigkeit noch unsinniger, meint Professor Rothweiler.

Viele Wege führen zur Mehrsprachigkeit

Mehrsprachigkeit entsteht auf unterschiedlichen Wegen. Einmal durch die schon erwähnte Möglichkeit des Sprachunterrichts in der Schule oder in einem Kurs. Die Sprachforscher sprechen dabei vom »gesteuerten« Zweitspracherwerb, allgemein bekannt auch als »Lernen einer Fremdsprache« durch Unterricht.

Im Gegensatz dazu wird unter »Zweitspracherwerb« ohne den Zusatz »gesteuert« das Erlernen einer zweiten Sprache einfach durch Zuhören, ohne geregelten Unterricht, verstanden.

Daneben wird – oft im Zusammenhang mit kleinen Kindern – auch vom »sukzessiven« Zweitspracherwerb gesprochen, was nichts anderes heißt, als dass eine Sprache erst dann erworben wird, wenn eine andere bereits in ihren Grundstrukturen vorhanden ist. Zwei Sprachen werden also nacheinander gelernt.

Vielen Erwachsenen und auch älteren Kindern bzw. Jugendlichen fällt der Zweitspracherwerb nicht leicht. Kein Wunder, wie Professor Jürgen Meisel, Sprachforscher an der Universität Hamburg, in einem Interview mit der Wochenzeitung »Die Zeit« (Nr. 10/2006) erklärt: »Beim Zweitspracherwerb gibt es riesige individuelle Unterschiede. Man schätzt, dass nur zwischen fünf und zehn Prozent der Menschen fähig sind, eine fremde Sprache ›perfekt‹ zu lernen.« Wohlgemerkt, hier handelt es sich um ältere Schüler und Erwachsene, nicht um kleine Kinder. Dieses »Sprachproblem« hat auch nichts mit Intelligenz zu tun, sondern eher damit, dass Menschen unterschiedlich veranlagt sind und dass die ideale Zeit, um Sprachen zu lernen, ab einem bestimmten Alter offenbar schon vorüber ist und die entsprechenden Vernetzungen im Gehirn nicht mehr so leicht zu knüpfen sind. Wann die ideale Lernzeit vorbei ist, wissen die Forscher noch nicht exakt.

Trotzdem: Alle Menschen sind durch ihre natürliche Begabung in der Lage, mehr als eine Sprache zu lernen – und dies ein Leben lang. Doch die allerbeste Zeit dafür ist die frühe Kindheit.

Für Kinder ist Mehrsprachigkeit in aller Regel kein Problem, das zeigen die jüngeren Forschungsergebnisse ganz klar. Ein Kind kann sehr gute

Kompetenzen in mehr als einer Sprache erwerben, Studien haben gezeigt, dass bei jedem Kind dieses Potenzial vorhanden ist. Treten trotzdem Schwierigkeiten auf, wie dies öfter bei Kindern mit Migrationshintergrund beobachtet wird, so liegt dies fast immer an den Erwerbsbedingungen. Dann stimmt der Input nicht – die Kinder hören zu wenig von einer Sprache oder sie hören sie nicht gut genug. Denn eines haben die Forscher ganz sicher herausgefunden: Frühe Sprachförderung mit einem umfangreichen und gezielten Sprachangebot ist das A und O für den kindlichen Erwerb mehrerer Sprachen.

Kinder lernen anders

Kinder, die von Geburt an zwei oder mehr Sprachen lernen, erwerben diese »simultan«, also gleichzeitig. Wissenschaftler nennen diesen Vorgang »simultanen bilingualen (oder multilingualen) Spracherwerb« oder »doppelten (bzw. mehrfachen) Erstspracherwerb«. Doppelter *Erst*spracherwerb deshalb, weil Kinder in den ersten beiden Lebensjahren – und das ist das Einzigartige und Besondere daran – alle Sprachen, mit denen sie ständig konfrontiert sind, wie ihre Muttersprache, also wie eine »Erstsprache« erwerben (siehe das Kapitel über Spracherwerb). Deshalb sprechen Linguisten bei mehrsprachigen Kindern auch nicht von Zweit- oder Drittsprache, sondern von erster, zweiter oder dritter Erstsprache (2 L1 bis xL1).

Das mehrsprachige Aufwachsen von Kindern hatte lange Zeit einen schlechten Ruf – auch in der Wissenschaft. Und viele Menschen sind auch heute noch nicht sicher, ob es wirklich gut ist. Argumente dagegen sind: Kinder werden von mehreren Sprachen überfordert. Sie lernen keine Sprache richtig. Sie bringen die Sprachen durcheinander und können sich deshalb nicht mehr verständigen. Schließlich wurde der »Vielsprecherei« sogar unterstellt, dass sie Kinder dumm mache und der Intelligenz schade.

Hintergrund dieser, wie man heute weiß, Fehlinformationen sind ältere Untersuchungen mit Einwandererkindern in Amerika. Später hat sich allerdings herausgestellt, dass die Studien selbst gravierende Fehler aufwiesen und deshalb die Ergebnisse nicht stimmen konnten. So

wurden die Intelligenztests beispielsweise in Englisch durchgeführt –
mit Kindern, die diese Sprache kaum beherrschten. Die Kinder waren
also in Wahrheit (noch) nicht zweisprachig.

Heute weiß man sicher: Kinder können von Geburt an mit mehreren
Sprachen aufwachsen. Sie werden nicht überfordert oder gar geschä-
digt, wenn sie von Anfang an mehrere Sprachen gleichzeitig erwerben.

Das spielt für alle Eltern eine wichtige Rolle, die ihr Kind mehrsprachig
erziehen wollen oder sogar müssen, weil sie in einem Land leben, in
dem ihre Herkunftssprache nicht offiziell gesprochen wird. Egal, ob
dies deutsche Eltern sind, die im Ausland leben und arbeiten, oder ob
es Eltern aus anderen Ländern sind, die in Deutschland leben. Und
schließlich profitieren auch deutsche Kinder davon, wenn sie frühzei-
tig mit anderen Sprachen und Kulturen Kontakt haben.

Aber wie geht es richtig?

Was muss beachtet werden, damit es nicht zur Sprachverwirrung
kommt oder dazu, dass das Kind in keiner Sprache richtig zu Hause
ist?

Darauf haben die Sprachwissenschaftler Antworten.

Wie beim monolingualen Erstspracherwerb brauchen auch mehrsprachige Kinder gewisse Voraussetzungen, um sprechen zu lernen
(siehe auch das Kapitel über Spracherwerb).

Das ist vor allem ausreichend Input, das heißt, das Kind muss die Sprachen regelmäßig und es muss viel davon hören. Und zwar von Menschen. Denn sprechen lernen ist ja viel mehr als »nur« eine Sprache
lernen. Für das Baby und Kleinkind spielt es eine große Rolle, dass es
umsorgt und geliebt wird. Es unterscheidet im Spracherwerb ja nicht
nur Laute und Worte, es erkennt auch den »Ton«, in dem mit ihm gesprochen wird. Es weiß, ob sein Gegenüber sanft, liebevoll, geduldig,
vertrauenerweckend oder gereizt, ärgerlich oder aggressiv ist. Gefühle
und Sozialverhalten gehören für Babys und Kleinkinder untrennbar
zum Sprechenlernen.

Untersuchungen haben gezeigt, dass bei Kleinkindern das Vorspielen von DVDs oder Videos keinen Effekt aufs Sprechen- und Sprachenlernen hat, wenn dies die einzigen Kontakte zu einer anderen Sprache sind. Als zusätzliches »Spielmaterial« haben diese Medien aber durchaus ihre Berechtigung.

Wie der sprachliche Input mit mehreren Sprachen stattfinden kann, dafür gibt es unterschiedliche Modelle, die alle erfolgreich sind. Welches gerade passt, hängt von der Situation der Familie ab. Bedeutsam für ein Kind ist ja einmal, dass es in und mit seinem sozialen Umfeld kommunizieren kann. Es soll sich mit allen Familiemitgliedern, auch mit der Oma oder Cousinen und Cousins im Herkunftsland von Mutter und/oder Vater unterhalten können. Wichtig ist aber auch, dass es sich in seinem Lebensumfeld verständlich machen, also mit Spielkameraden in der Nachbarschaft kommunizieren kann. Spätestens wenn es in den Kindergarten kommt, sollte es die offizielle Landessprache lernen, wenn es zur Schule kommt, sollte es sie beherrschen. Ist dies nicht der Fall, kann es dem Unterricht nicht optimal folgen und damit werden ihm wichtige Bildungschancen genommen. Das zeigen zahlreiche Studien mit Kindern mit Migrationshintergrund.

Welches Modell auch zur Anwendung kommt, am allerwichtigsten ist, dass alle Familienmitglieder viel miteinander reden. Die einzelnen Modelle müssen auch nicht unbedingt streng befolgt werden. Entstehen Mischungen oder werden die Modelle locker gehandhabt, ist dies keine Katastrophe. Aber: »Eine gute Trennung der Sprachen ist wie ein genau beschilderter Weg. Es ist leichter, sich zu orientieren«, sagt die Sprachwissenschaftlerin Elke Montanari.

Das sind die unterschiedlichen Modelle:

Modell »eine Person – eine Sprache«

Das macht Sinn, wenn

> › beide Eltern **unterschiedliche Herkunftssprachen** haben,
> z. B. Türkisch – Deutsch oder Englisch – Italienisch, also jeder in
> »seiner« Muttersprache mit dem Kind spricht,

> beide **Eltern viel Zeit** mit dem Kind verbringen,

> **alle** zusammenleben,

> **jeder Elternteil** die Sprache des anderen versteht,

> die Eltern die Sprachen **selten mischen.**

Dieses Modell ist das bekannteste und sehr erfolgreich, wenn die genannten Voraussetzungen stimmen. Ist eine der beiden Elternsprachen gleichzeitig die Umgebungssprache, wird diese über die Zeit voraussichtlich zur dominanten Sprache beim Kind. Gehört keine der beiden Sprachen zur Umgebung, muss das Kind auch diese – als dritte Sprache – lernen. Das kann durch eine Betreuungsperson geschehen oder in einer Betreuungseinrichtung.

Ist ein Elternteil viel unterwegs, sollte das Modell etwas modifiziert werden, schlägt Elke Montanari vor. Denn für ein kleines Kind ist es fast unmöglich, eine Sprache zu lernen, wenn der Input immer wieder unterbrochen wird. So könnte beispielsweise derjenige Elternteil, der die meiste Zeit beim Kind ist, zu bestimmten Gelegenheiten in der Sprache des Partners mit dem Kind sprechen. Etwa bei den Mahlzeiten oder abends fürs Einschlafritual und die Gutenachtgeschichte. Dadurch bleiben die Sprachen fürs Kind immer noch sauber getrennt. Voraussetzung ist natürlich, dass der Elternteil die zweite Sprache möglichst gut beherrscht.

In Familien mit Migrationshintergrund gibt es auch die Konstellation, dass bereits die Eltern eines Kindes mehrsprachig sind – zum Beispiel Türkisch und Deutsch sprechen. Auch dann bietet sich das Modell »eine Person – eine Sprache« an.

Modell »Familiensprache – Umgebungssprache«

Dieses Modell bietet sich für Eltern mit der gleichen Herkunftssprache an, die sich aber von der Umgebungssprache unterscheidet. Dann wird zu Hause die Familiensprache gesprochen und das Kind lernt die Umgebungssprache außerhalb der Familie. Etwa durch Kinder aus der

Nachbarschaft, durch Betreuungspersonen oder in Betreuungsein-
richtungen, spätestens im Kindergarten. Ist das Kindergartenpersonal
entsprechend geschult, geht der Spracherwerb auf diese Weise sehr
schnell. Das haben unter anderem Studien der Mannheimer Sprachforscherin Professor Dr. Rosemarie Tracy in Baden-Württemberg gezeigt. Darin haben Kinder zwischen drei und fünf Jahren mit verschiedenen Muttersprachen – Türkisch, Arabisch, Russisch – in wenigen
Wochen Deutsch gelernt. Die Kinder müssen lediglich den nötigen
Input bekommen und viel Deutsch hören, erklärt die Expertin. Sie hat
Programme zur Fortbildung von Erzieherinnen und Erziehern entwickelt, wie sie diese Kinder gezielt fördern können.

Offensichtlich fällt es Kindern auch noch im Alter zwischen drei und
fünf Jahren sehr leicht, eine zusätzliche Sprache zu lernen. Obwohl
dies dann kein »simultaner« Spracherwerb mehr ist, sondern ein »suk-
zessiver« – es ist bereits eine erste Sprache in ihren Strukturen vorhanden, eine weitere Sprache kommt hinzu.

Früher hieß es für Eltern immer, sie sollten auf jeden Fall mit ihren
Kindern die Umgebungssprache sprechen, auch wenn sie diese selbst
nicht so gut können. Von diesem Rat sind Sprachforscher wieder ab-
gekommen. Denn die Sprachunsicherheiten der Eltern werden auf
diese Weise ans Kind weitergegeben und können später nur sehr
schwer wieder abgelegt werden.

Besser ist deshalb in solchen Fällen das Modell »Familiensprache –
Umgebungssprache«.

Modell »in einer Fremdsprache erziehen«

Es gibt Eltern, die längere Zeit im Ausland gelebt oder studiert und die
entsprechende Sprache sehr gut gelernt haben. Sie wissen um die Bereicherung durch Mehrsprachigkeit, wollen ihrem Kind von Anfang an
eine zweite Sprache beibringen. Was raten Sprachforscher?

Grundsätzlich ist die Idee gut, das Kind so früh wie möglich mit der
zusätzlichen Sprache in Kontakt zu bringen. Doch für das Modell »eine
Person – eine Sprache« ist diese Konstellation nur dann geeignet,

wenn der »fremdsprachige« Elternteil diese Sprache wirklich gut beherrscht. Eine Mutter, die beispielsweise während des Studiums vor acht Jahren einmal ein Jahr in Frankreich oder Spanien verbracht hat, ist sehr wahrscheinlich nicht mehr auf dem neuesten Stand, was die Sprache anbelangt. Möglicherweise hört man bei ihr einen deutschen Akzent. Oder sie spricht die typische »Studentensprache« von damals oder sie »übersetzt« aus dem Deutschen. All dies wird ihr Kind von ihr übernehmen – und nur schwer wieder loswerden.

Hat sie allerdings all die Jahre ihre Fremdsprache »gepflegt«, etwa durch häufigen Kontakt mit Menschen, deren Muttersprache sie ist, durch das Lesen von Zeitungen, den Besuch von Veranstaltungen oder das Hören von CDs oder Radiosendungen, dann spricht weniger gegen diese Methode. Kann das Kind zusätzlich eine Krabbelgruppe in dieser Sprache besuchen oder hat es einen Babysitter dieser Muttersprache, spricht noch weniger dagegen. Die Gefahr, dass es Unsicherheiten oder Fehler in dieser Sprache lernt, geht gegen null.

Eltern sollten sich in der Fremdsprache wirklich wohl und zu Hause fühlen, sie nicht als fremde Sprache empfinden, wenn sie sie als Umgangssprache mit ihrem Kind benutzen. Ist dies nicht der Fall, ist es besser, sie bringen das Kind mit Spielen, Liedern, in einer fremdsprachigen Krabbelgruppe, durch einen »muttersprachlichen« Babysitter und später durch einen bilingualen Kindergarten mit der Sprache in Kontakt. Es wird diese Sprache genauso leicht – und richtig – lernen.

Auf dem Weg zu mehreren Sprachen geht oft nicht alles ganz glatt. So machen viele Kinder Phasen durch, in denen sie die zweite Sprache scheinbar ablehnen. Sie sprechen sie gar nicht. Sie antworten in der anderen Sprache, obwohl sie in der einen angesprochen wurden. Sie reagieren nicht, tun so, als würden sie nichts verstehen.

Dann dürfen Eltern nicht in Panik geraten. Am besten machen sie gar kein Aufhebens davon, verhalten sich sprachlich wie bisher. Die »verweigerte« Sprache entwickelt sich trotzdem weiter. Manchmal stecken soziale Erlebnisse des Kindes dahinter, es wurde z. B. wegen seiner zweiten Sprache gehänselt. Oder es hat nur einsprachige Spielkameraden. Dann will es so sein wie diese – eben einsprachig.

Auf keinen Fall sollten Eltern versuchen, ihr Kind zur zweiten Sprache zu zwingen. Eine kompetente Beratung hilft oft weiter. Diese wird an vielen Universitäten von Mehrsprachigkeitsforschern angeboten – meist an der sprachwissenschaftlichen Abteilung.

Wie schaffen Kinder den mehrfachen Spracherwerb?

Wie halten sie die Sprachen auseinander? Lernen sie erst eine und dann die andere? Oder nehmen sie beide gleichzeitig auf? Auf diese Fragen haben die Forscher in den vergangenen 20, 30 Jahren viele interessante Antworten gefunden.

Tatsächlich mischen Kinder, die simultan bilingual aufwachsen, die Sprachen. Manchmal »borgen« sie sich ein Wort aus, wie Professor Rothweiler darstellt: *Jetzt uva essen* (uva = Trauben), sagt etwa ein deutsch-italienisches Kind. Oder: *Adesso è pronto il Nachtisch* (»Jetzt ist fertig der Nachtisch«).

Auch in der Grammatik kommen Wechsel und Mischungen vor. Doch dies ist kein Mangel oder Nachteil, wie Professor Rothweiler versichert. Im Gegenteil: Diese Phänomene zeigen eine besondere Kompetenz an. Aus zwei Gründen:

Um zwischen zwei Sprachen zu wechseln oder sie zu mischen, müssen beide im Gehirn aktiviert sein. Sonst hat man keinen Zugriff auf einzelne Wörter. Außerdem können Kinder meist schon vor dem zweiten Geburtstag den Unterschied zwischen den Grammatiken ihrer beiden Sprachen feststellen. Sie richten sich schon sehr früh nach den Sprachkenntnissen ihrer Gesprächspartner. Wissen sie, dass der Partner ebenfalls beide Sprachen spricht, dann wechseln sie häufiger als in Situationen mit einem einsprachigen Partner. Ist etwa die Oma aus Frankreich zu Besuch in Deutschland, wird das Kind in der Familie mehr »Mischungen« produzieren.

Denn bereits Zwei- bis Dreijährige sind in der Lage, »ihre Sprachwahl der kommunikativen Situation anzupassen«, wie Professor Rothweiler erklärt. »Ohne die Bewusstheit über Zweisprachigkeit und die Fähig-

keit, die Sprachen zu trennen, wäre dieses Einstellen auf den Gesprächspartner gar nicht möglich.«

Die frühere Annahme von Wissenschaftlern, mehrsprachige Kinder
würden erst ein Sprachsystem aufbauen und dieses dann später in
zwei aufspalten, sind heute widerlegt.

Viele Studien haben gezeigt, dass bilingual aufwachsende Kinder zum
einen ihre beiden Sprachen erwerben, wie monolinguale dies mit einer Sprache tun (siehe das Kapitel über Spracherwerb), und dass sie
zum anderen beide Sprachsysteme von Anfang an trennen.

Das haben beispielsweise Untersuchungen mit deutsch-französischen
Kindern belegt, die beide Sprachen simultan, also gleichzeitig erworben haben: Die Kleinen haben die Grammatik in jeder Sprache so
aufgebaut, wie dies monolinguale Kinder eben mit einer Sprache machen. Die Sprachen waren immer getrennt, es wurden weder Eigenschaften des Französischen aufs Deutsche übertragen noch umgekehrt.

Die Tatsache, dass mehrsprachig aufwachsende Kleinkinder mehrere
Sprachen nach denselben Prinzipien erwerben wie Kinder, die nur
eine Sprache lernen, ist ein besonders wichtiges Forschungsergebnis.
Denn es beweist, dass Mehrsprachigkeit *nicht* die Ursache für Ent-
wicklungsprobleme sein kann, wie früher sehr häufig und auch heute
noch vielfach befürchtet wird. Sprachentwicklungsstörungen haben
andere Ursachen und betreffen in aller Regel alle Sprachen des Kindes
gleichermaßen.

Sind mehrsprachige Kinder besser in der Schule?

Mehrsprachigkeit macht weder dumm, noch verursacht diese Fähigkeit emotionale Defizite. Das konnten die Wissenschaftler eindeutig
beweisen. Aber – und das mag viele ehrgeizige Eltern enttäuschen: Die
mehrsprachige Erziehung bringt offensichtlich auch keine besonderen Vorteile für die Entwicklung. Die Kinder sind also weder klüger
noch schneller in ihrer Auffassungsgabe, noch haben sie es später in
der Schule deutlich leichter.

Möglicherweise – doch das ist noch nicht restlos erforscht – haben die bilingualen Kinder einen Vorsprung in der Entwicklung der Fähigkeiten, sich in das Denken anderer hineinzuversetzen bzw. über die eigene »innere Welt« nachzudenken. Wissenschaftler nennen dies »Theory of Mind«-Fähigkeiten.

Trotz dieser Ergebnisse haben Wissenschaftler Unterschiede zwischen bilingualen und monolingualen Kindern herausgefunden. Doch auch hier sind noch viele Fragen der Forscher offen und einzelne Beobachtungen noch nicht wissenschaftlich gefestigt. So ist es etwa wahrscheinlich, dass sich bei Kindern, die von Anfang an zwei Sprachen lernen, die beiden Vorgänge unterstützen.

In einer Untersuchung von deutsch-französischen Kindern zeigte sich zum Beispiel, dass diese Kinder die Artikel im Deutschen schneller lernten, als das monolinguale deutsche Kinder machen. Offenbar weil dieses System im Französischen leichter und früher erworben wird.

Andererseits stellten die Forscher fest, dass bilinguale Kinder im Durchschnitt etwas später mit dem Sprechen beginnen als einsprachige. Auch der Ausbau des Lexikons, also der Wortschatz, entwickelt sich in beiden Sprachen etwas langsamer als bei einsprachigen Kindern. Doch alles in allem sind bilinguale Kinder in ihrer Sprachentwicklung im Rahmen der normalen Variation – gemessen an den Kindern, die nur eine Sprache lernen.

Können Kinder mehrere Sprachen gleich gut lernen?

Zu den Sorgen der Skeptiker bei der mehrsprachigen Erziehung gehören diese: Sind zwei oder mehr Sprachen wirklich gleich gut zu beherrschen? Können simultan bilingual aufgewachsene Kinder auch eine schwache und eine starke Sprache entwickeln?

Unterschiedliche Sprachen werden in aller Regel in unterschiedlichen Zusammenhängen benutzt, erklärt Professor Rothweiler. So wird ein Kind, das deutsch-französische Eltern hat und in Deutschland lebt, zwar in der Familie, im Urlaub und mit Verwandten Französisch sprechen, in Kindergarten, Schule und mit gleichaltrigen Freunden vermutlich aber Deutsch. Das bedeutet aber, dass dieses Kind in den beiden Sprachen unterschiedliche Kompetenzen entwickeln wird – je nach Situation, Umfeld und Alter. Ein Vierjähriges will sich nicht von seinen kleinen Freunden unterscheiden. Sprechen diese alle Deutsch, wird auch das zweisprachige Kind in diesem Alter vorwiegend Deutsch sprechen. Wird der Urlaub bei Verwandten in Frankreich verbracht und sind dort Kinder oder eine besonders liebe Oma, wird Französisch dominieren.

Bilinguale Sprecher haben kaum jemals in allen sprachlichen Bereichen beider Sprachen völlig gleichwertige Kompetenzen, sagt Professor Rothweiler. Und: »Die dominante Sprache kann im Laufe eines Lebens mehrfach wechseln, abhängig von der Lebenssituation des Sprechers.« Die Sprachpräferenz, also die Vorliebe für eine der beiden Sprachen, so Professor Rothweiler weiter, kann sich sogar in jedem Augenblick ändern.

Wird eine Sprache längere Zeit nicht verwendet, kann sie sich auch verlieren und vergessen werden, sogar wenn sie einmal als Muttersprache erworben wurde. Wie sehr sie vergessen wird, ob vollständig oder ob sie »nur in der Versenkung verschwindet und schnell wieder aktivierbar ist«, darüber sind sich die Wissenschaftler im Moment noch nicht einig.

Keine Frage: Kinder, die mit mehreren Sprachen aufwachsen, werden in diesen Sprachen auch kompetente Sprecher. Das müssen nicht unbedingt Sprachen unterschiedlicher Länder sein. Ein Kind, das seinen heimischen Dialekt und gleichzeitig die deutsche Hochsprache spricht, ist ebenfalls zweisprachig (siehe das Kapitel über Dialekte).

Ideal: In jeder Sprache schreiben lernen

Nicht alle Sprachen haben eine Schrift. Gibt es aber eine und hat das Kind die Möglichkeit, sie zu lernen, ist dies sicher ein Gewinn. Vor allem in unserer schriftorientierten Kultur ist es vorteilhaft, wenn ein Kind »seine« Sprachen, sofern sie eine Schrift haben, auch schreiben lernt (siehe auch das Kapitel über Schrifterwerb).

Ob ein Kind in mehreren Sprachen gleichzeitig oder besser hinterein-
ander lesen und schreiben lernt, ist schwer zu beantworten. Mittlerweile gehen die Bemühungen an unseren Schulen dahin, dass Kinder
mit Migrationshintergrund auch Unterricht in ihrer Herkunftssprache
erhalten. Damit soll vermieden werden, dass die Muttersprache in einer schreibenden Umwelt an Wert verliert.

Wird von Anfang an in beiden Sprachen Lesen und Schreiben unterrichtet, lassen sich diese Fertigkeiten gleichzeitig erwerben, obwohl
dies nicht ganz einfach ist. Denn die verschiedenen Sprachen werden
unterschiedlich geschrieben. Hat eine Sprache auch noch eine andere Schrift – Griechisch etwa, Koreanisch, Chinesisch, Russisch, Arabisch –, dann ist es noch schwieriger.

Dennoch sollten Kinder diese Möglichkeit erhalten. Im Zweifelsfall
können sie auch später damit beginnen, mit acht, neun Jahren etwa.
Stehen keine Lehrer zur Verfügung, können auch die Eltern das Interesse des Kindes wecken und es beim Lernen unterstützen, rät Elke
Montanari.

Das kann eine Karte an die ferne Oma sein. Oder ein Schreiblernpro-
gramm am Computer oder – bei Kindern besonders beliebt – Comics
in der entsprechenden Sprache. Ältere Kinder lassen sich auch mit
E-Mails motivieren, mit Songtexten oder mit dem Internet (da ist allerdings Kontrolle notwendig, damit das Kind nicht auf »falsche« Seiten
gerät).

»Alle Sprachen sind es wert, geschätzt und gefördert zu werden«, heißt
es in den elf Thesen der »Mannheimer Erklärung zur frühen Mehrsprachigkeit«, die im Oktober 2006 anlässlich eines Kongresses zum
Thema proklamiert wurden. Und weiter: »Eltern mit nicht deutscher
Familiensprache sind wichtige Partner in Bildungsprozessen. Sie
sollen in ihrer Kompetenz gestärkt werden, die Kinder in ihrer Erstsprache zu sozialisieren.«

Jede Sprache, egal ob mit oder ohne Schrift, ist wichtig genug, dass ein
Kind sie lernen soll, insbesondere, wenn sie in der Familie oder in der
Umwelt gesprochen wird.

Literatur zum Weiterlesen

Rothweiler, Monika (2007): Bilingualer Spracherwerb und Zweitspracherwerb. In: Steinbach, Markus u. a., *Schnittstellen der germanistischen Linguistik*. Stuttgart: Metzler, 103-135.

Tracy, Rosemarie (2007): *Wie Kinder Sprache lernen. Und wie wir sie dabei unterstützen können*. Stuttgart: Francke.

Weitere Literatur

Keim, Inken (2007): *Die »türkischen Powergirls«: Lebenswelt und kommunikativer Stil einer Migrantinnengruppe in Mannheim*. Tübingen: Narr.

Montanari, Elke (2006): *Mit zwei Sprachen groß werden*. München: Kösel.

Zimmer, Dieter E. (1997): *Deutsch und anders*. Reinbek: Rowohlt.

Internetadressen

Sonderforschungsbereich Mehrsprachigkeit an der Universität Hamburg:

www.uni-hamburg.de/fachbereiche-einrichtungen/sfb538/

Forschungs- und Kontaktstelle Mehrsprachigkeit der Universität Mannheim:

http://www.anglistik.uni-mannheim.de/linguistik/kontaktstelle/

Mannheimer Erklärung:

Die elf Thesen sowie viele weitere Informationen zur Sprachförderung von Kindern:

http://www.sagmalwas-bw.de/projekt01/index.php

Was Schreiben mit Algebra zu tun hat

Zu den größten Errungenschaften der menschlichen Zivilisationen gehört ohne Zweifel die Schrift. Sie setzt der Fähigkeit, mittels Sprache zu kommunizieren, sozusagen die Krone auf. Denn mit der Schrift lässt sich Sprache festhalten, konservieren, weitergeben – unabhängig von der Zeit und unabhängig von der Anwesenheit leibhaftiger Personen. Über viele Generationen hinweg kann allgemeines Wissen unverändert erhalten werden. Das betrifft zum Beispiel Tradition, Dichtung, Religion, Kultur.

Auch individuelles Wissen lässt sich über Zeiträume hinweg speichern und aufbewahren, die das Langzeitgedächtnis weit überholen. Man denke nur an alte Briefe oder Aufzeichnungen in einem Tagebuch. Schrift befördert auch als reflektierte, konstruierte Sprache Selbstreflexion – sogar in hektischen Zeiten. Denn Schreiben und Lesen bringen Besinnung.

Alles, was man zum Lesen und Schreiben braucht: ein Zeichensystem, also Schrift, mit dem sich Sprache darstellen lässt, sowie Material, auf dem die Zeichen festgehalten werden. Außerdem die Fähigkeit, die Sprache in diesen Zeichen zu kodieren und die Schrift wieder zu dekodieren – also zu schreiben und zu lesen.

Klingt einfach und banal. Ist es aber nicht. Das war es weder für unsere Vorfahren, die vor vielen Jahrtausenden die Schrift erstmals erfunden haben. Noch ist es für heutige Kinder einfach, die schreiben und lesen lernen müssen. Denn die Beherrschung der Schrift basiert nicht auf einem »genetischen Programm« wie etwa laufen lernen oder größer werden. Es ist vielmehr eine »Kulturtechnik«, d. h. eine in einer bestimmten Umgebung erlernte Fähigkeit, für die der Mensch zwar eine gute Ausstattung mitbringt, bei der es aber für den Erfolg stark darauf ankommt, wie sie ihm nahegebracht wird. Denn die meisten lernen den Umgang mit der Schrift in der Schule – oder eben nicht!

Eine lange Geschichte der Schrift

Wann und wie die Schrift entstanden ist, darüber streiten sich die Gelehrten. Manche gehen davon aus, dass bereits die rund 20 000 Jahre alten Höhlenzeichnungen in Frankreich gewissermaßen Schriftzeichen sind. Andere datieren die ersten Schriftfunde ins 4. Jahrtausend v. Chr. ins Reich der Sumerer. Wieder andere halten die Symbolzeichen der Vincakultur für die erste Schrift, die im 5. Jahrtausend v. Chr. in der Region des heutigen Serbien, Rumänien, Ungarn entstanden ist. Es gibt noch weitere Theorien.

Ebenso unsicher wie der Zeitpunkt, zu dem die erste Schrift entstand, ist der Ort. Es gibt Ansichten, dass sich Schriften unabhängig voneinander in unterschiedlichen Kulturen entwickelt haben. Sehr viele Forscher gehen jedoch davon aus, dass der Beginn der Schrift im alten Mesopotamien liegt – und zwar in Gestalt sogenannter Rechensteine (Calculi oder Tokens). Das waren kleine Steine oder Tonstückchen mit eingravierten geometrischen Symbolen, die Mengen angegeben haben. Sie dienten Buchhaltern, Verwaltern und Händlern als Kontrollzeichen für die Warenmengen.

Die Schrift wurde also sehr wahrscheinlich von Buchhaltern erfunden, und zwar zum Rechnen, also für die Organisation des Geschäftslebens.

Heute gibt es für die etwa 6 400 Sprachen auf der Welt rund 14 Schriftsysteme – Bilderschriften, Wortschriften, Silbenschriften und Alphabetschriften (Buchstabenschriften). Geschrieben wird in alle Richtungen: von links nach rechts, von rechts nach links, wechselweise von links nach rechts und umgekehrt, von oben nach unten, von unten nach oben. Bei den senkrechten Schriftverläufen können die Lese- und Schreibrichtungen von links nach rechts oder von rechts nach links variieren.

Buchstaben und Laute

Die deutsche Sprache verfügt über eine Alphabetschrift, die von links nach rechts und von oben nach unten geschrieben und gelesen wird. Unser Alphabet (das Wort ist aus Alpha und Beta gebildet, den ersten beiden Buchstaben des griechischen Alphabets; im Deutschen auch Abc genannt) hat 26 Buchstaben plus die drei Umlaute ä, ö, ü sowie Eszett (ß) oder »scharfes S« (das gibt es nicht in der Schweiz).

Wie viele andere Sprachen schreiben wir in lateinischen Buchstaben, deren Formen sich ursprünglich aus den griechischen entwickelt haben. Natürlich wurde mit lateinischen Buchstaben dereinst die lateinische Sprache geschrieben. Besonderheiten des Deutschen wie lange und kurze Vokale, unbetonte Silben oder der Laut *sch* sind in diesem Alphabet nicht vorgesehen, da es sie in der lateinischen Sprache nicht gegeben hat. Dafür mussten eigene Formen gefunden werden. Das betrifft nicht nur das Deutsche, sondern alle Sprachen, die die lateinische Schrift verwenden, wie sich am Beispiel *sch* sehr schön zeigen lässt: Deutsch wird es *sch* geschrieben, englisch *sh*, französisch *ch*, norwegisch *sk,* maltesisch *x* usw.

Die Alphabetschrift besteht aus einzelnen Buchstaben. Je nachdem, wie diese aneinandergereiht sind, ergeben sich daraus Silben und Wörter. Von dieser Anordnung hängt es auch ab, wie ein gesprochener Buchstabe klingt. Beispiel: *Werner, Welle, Wesen* – jedes *e* in diesen Wörtern klingt anders.

Wie dieses Beispiel zeigt, wird die deutsche Sprache keineswegs »so gesprochen wie sie geschrieben wird«, wie die meisten Menschen annehmen. Das sagt die Sprachdidaktik- und Pädagogikprofessorin Dr. Christa Röber von der PH Freiburg. Sie ist Expertin für den Erwerb von Schrift und Orthografie und beschäftigt sich auch damit, wie Kinder anderer Muttersprachen Deutsch lernen.

Professor Röber ist diese Feststellung sehr wichtig. Denn sie weiß aus ihrer Arbeit mit Kindern, wie schwer für die Kleinen das Lesen- und Schreibenlernen ist, wenn sie es nach dem Grundsatz »ein Buchstabe ist ein Laut« begreifen sollen.

Sie erklärt das so: Einzelne Buchstaben stehen für die Lautung von Silben. Der gleiche Buchstabe kann je nach den Buchstaben, die ihn umgeben, unterschiedliche Laute ausdrücken.

So haben Silben im Kern einen Vokal oder Doppellaut (Diphthong): *Haus, Papier, Schneeschmelze.*

Bei zweisilbigen Wörtern gehört ein einzelner Konsonant, der die beiden Silben trennt, immer zur zweiten Silbe *(Pa-pier).* Bei mehreren trennenden Konsonanten gehört der letzte zur nachfolgenden Silbe, alle davor zur ersten (Beispiel: *Sil-be*). Für Doppelkonsonantenbuchstaben gelten noch speziellere Regeln, die weiter unten erläutert werden.

Kinder lernen also leichter, wenn sie Buchstaben im Zusammenhang mit der ganzen Silbe oder dem ganzen Wort kennenlernen. Auch dazu weiter unten Genaueres.

Für das Schreiben einer *Alphabet*schrift muss die Sprache systematisch in noch kleinere Einheiten, als es Silben sind, eingeteilt werden.

Auch muss die Schrift ein Bild ergeben, damit sie sich möglichst leicht und schnell lesen lässt. Dafür gibt es Satzzeichen, Leerräume (Spatien) sowie Groß- und Kleinbuchstaben.

Ein Entwicklungsbeispiel demonstriert dies sehr schön:

GESTERNHATSIEEINAUTOGEKAUFTESHATVIELGELDGEKOSTET
GESTERNHATSIEEINAUTOGEKAUFT.ESHATVIELGELDGEKOSTET
GESTERN HAT SIE EIN AUTO GEKAUFT. ES HAT VIEL GELD GEKOSTET.
Gestern hat sie ein Auto gekauft. Es hat viel Geld gekostet.

Kinder, die ja vor Beginn der Schule nur gesprochene Sprache erlebt haben, müssen alles erst lernen:

> wann große und kleine Buchstaben verwendet werden müssen,

> wann ein Abstand zwischen den Buchstaben notwendig ist, weil ein neues Wort beginnt,

> › was Punkt, Komma, Strichpunkt, Bindestrich und all die vielen
>   Zeichen bedeuten und wann sie zum Einsatz kommen,

> › schließlich müssen sie auch das Buchstabieren lernen. Was
>   durchaus nicht leicht ist. Wir sagen *Be*, wenn wir nur den
>   Buchstaben *B* lesen. Steht da aber *Bad*, klingt das *B* anders.
>   Kinder wissen so etwas nicht. Das wissen nur Menschen, die
>   bereits schreiben können, die es also bereits erlernt haben.

Das besondere am Schriftsystem: Mit den wenigen Zeichen unseres
Alphabets lassen sich die deutsche Sprache – unabhängig von dialek-
talen und umgangssprachlichen Varianten – und alle anderen Sprachen, die dieses Alphabet verwenden, in allen ihren Facetten, in ihrem
gesamten kreativen Reichtum gestalten und festhalten. Dass dafür
höchste Regeldisziplin vonnöten ist, liegt auf der Hand. Denn schließlich wollen und sollen wir mit dem Geschriebenen nicht nur irgendet-
was festhalten. Das Geschriebene soll ja von allen Menschen, die diese Sprache in ihrer Schriftform beherrschen, auch wieder entziffert
und als Information aufgenommen werden können.

Kinder müssen Regeln entdecken

Was bedeutet Lesen- und Schreibenlernen für Kinder wirklich? Darauf
weiß Professor Röber eine Antwort.

»Beim Lesen- und Schreibenlernen genügt es nicht mehr, Sprache nur
als Verständigungsmittel zu benutzen«, sagt sie. »Vielmehr müssen
sich Kinder jetzt mit ihr als Gegenstand beschäftigen und herausfin-
den: Wie gelingt es mir, das, was ich sage, so mit Buchstaben wieder-
zugeben, dass jemand anderes weiß, was ich sagen wollte? Wie gelingt
es mir, die Kette der Buchstaben vor mir so beim Lesen zu übersetzen,
dass Wörter und Sätze entstehen, die mir etwas sagen?«

Kinder müssen also die gesprochene Sprache gliedern, erklärt die Expertin weiter, sie müssen das System und die Regeln entdecken, nach
denen die Buchstaben zu wählen sind. Für Sechsjährige ist dies nicht
leicht, sie durchschauen die Regeln nicht spontan. Was uns Erwachse-

nen so selbstverständlich ist, müssen sich die Kleinen Stück für Stück erarbeiten. Denn die Schrift »symbolisiert Elemente und Strukturen der gesprochenen Sprache nach bestimmten Merkmalen«, erklärt Professor Röber. »Sie stellt Sprache als System dar und zeigt an, wie die Elemente in das System eingebunden sind.«

Schreiben- und Lesenlernen ist wie eine neue Sprache lernen, und zwar eine regelhaft strukturierte. Im Gesprochenen sind die Strukturen oft nicht so deutlich und bewusst, wenngleich sie natürlich vorhanden sind. Doch beim Sprechen haben wir Intonation, Gestik und Mimik. Beim Schreiben nicht. Deshalb hat der russische Psychologe Lew S. Wygotski einmal gesagt: »Die Schriftsprache ist gleichsam die Algebra der Sprache.«

Dass der Lernprozess auch gründlich schieflaufen kann, haben die beiden großen Studien PISA (Programme for International Student Assessment) und IGLU (Internationale Grundschul-Lese-Untersuchung) drastisch gezeigt:

Jeder vierte 15-Jährige in Deutschland kann aus einem geschriebenen Text keine Informationen entnehmen, er versteht ihn nicht, weil er ihn nicht richtig lesen kann.

30 Prozent aller Viertklässler in unserem Land können mit Texten, die ihnen in den folgenden Schuljahren, also in der Sekundarstufe, begegnen, nichts anfangen. Sie haben nicht nur beim Lesen Probleme, sie schreiben Wörter falsch, machen bei der Groß- und Kleinschreibung Fehler und beherrschen die silbische Schreibung nicht, wie die IGLU-Studie gezeigt hat.

Woran liegt das? Sind fast ein Drittel unserer Kinder krank? Leiden sie an »Legasthenie«, an einer Lese-Rechtschreib-Störung, wie an einer möglicherweise sogar ererbten Krankheit?

Legasthenie – was ist das?

Lese-Rechtschreib-Schwäche, Lese-Rechtschreib-Störung, LRS, Legasthenie sind verschiedene Ausdrücke für eine Auffälligkeit von Schulkindern, die seit den 30er-Jahren des letzten Jahrhunderts in wissenschaftlichen Aufsätzen beschrieben wird. Lange Zeit waren es ausschließlich Psychiater, die sich damit beschäftigt haben – damals hieß das Phänomen »Wortblindheit«. Mittlerweile befassen sich auch Psychologen, Mediziner und Pädagogen damit.

Es geht um Kinder, die nach einer Charakterisierung der Weltgesundheitsorganisation (WHO, 1999)

> ❯ normal intelligent sind,

> ❯ keine Hör- und Sehstörungen haben,

> ❯ unter keinen neurologischen Erkrankungen leiden,

> ❯ ausreichend viel unterrichtet werden, die aber dennoch beim Lesen und Schreiben deutliche Beeinträchtigungen aufweisen.

Das sind die typischen Symptome: Die Kinder lesen sehr langsam, geraten häufig ins Stocken, vertauschen Wörter oder »lesen« etwas, was gar nicht da steht, oder sie lassen Passagen einfach aus. Fragt man sie am Ende, was sie eben gelesen haben, können sie es nicht oder nur sehr schlecht wiedergeben – sprich: sie haben es nicht verstanden.

Beim Schreiben

> ❯ verdrehen sie Buchstaben im Wort, etwa *u* und *n*,

> ❯ vertauschen Buchstaben oder lassen sie aus, z. B. *dei – die, stag* statt *stark,*

> ❯ fügen falsche Buchstaben ein, z. B. *Kreuz – Koyze,*

> ❯ befolgen bzw. kennen Rechtschreibregeln nicht, z. B. *befahren – befaren* etc.,

> ❯ machen diese und viele andere Fehler mal und mal wieder nicht.

Typisch sind aber nicht nur die Fehler der Kinder, typisch sind auch die Folgen: Eine Lese-Rechtschreib-Störung lässt sich vor Schulbeginn im Kindergartenalter weder erkennen noch behandeln. Die Probleme bessern sich auch dann nicht, wenn die Eltern mit dem Kind häufig üben. Durch die Probleme beim Lesen und Schreiben treten auch in anderen Schulfächern Schwierigkeiten auf. Die betroffenen Kinder geraten oft in eine Spirale von Versagensängsten und Demotivation, die auf Dauer tatsächlich zu psychischen und physischen Erkrankungen führen können.

In den einzelnen Bundesländern existieren zur Diagnose, Förderung und Therapie von Kindern mit Lese-Rechtschreib-Störung Erlasse und Verwaltungsvorschriften, die sehr unterschiedlich sind. Auch die Kultusministerkonferenz hat dafür Empfehlungen gegeben.

In aller Regel wird die Diagnose »Lese-Rechtschreib-Störung« zuerst vom Lehrer in Zusammenarbeit mit einem Schulpsychologen gestellt. Gefördert oder gar therapiert müssen die Kinder aber außerhalb der Schule werden, da diese selten entsprechende Angebote zur Verfügung hat.

Das wiederum kostet Geld. Unter bestimmten Bedingungen erhalten die Eltern über die Jugendämter Unterstützung (Informationen gibt es bei den Verbänden).

Die Anzahl der Kinder, die von einer Lese-Rechtschreib-Störung (oder -Schwäche) betroffen sind, wird von Experten auf drei bis maximal zehn Prozent eines Jahrgangs geschätzt – also nicht 30 Prozent, wie es die PISA-Ergebnisse vermuten lassen.

Bei den Ursachen gibt es bisher vor allem Vermutungen. Mittlerweile sollen sogar schon Gene identifiziert worden sein, die diese Störung auslösen. Es wird auch mangelnde individuelle Förderung durch die Eltern beklagt – »als wären diese dafür verantwortlich, was eigentlich die Schule den Kindern beibringen soll«, sagt Professor Röber.

»PISA hat uns genügend Anhaltspunkte dafür gegeben, dass unser Bildungssystem sich nicht auf der Höhe der Zeit befindet«, hat sich Bundespräsident Horst Köhler in seiner »Berliner Rede« zum Thema geäußert und damit unseren Blick von möglichen Defiziten der Kinder auf die Defizite des Unterrichts gelenkt, wie Professor Röber meint.

Problemfall Unterricht

Professor Röber und mit ihr viele Sprachwissenschaftler sehen die Ursachen für die weitverbreitete »Lese-Rechtschreib-Schwäche« so vieler Kinder auch weniger in den häuslichen Umständen oder gar in den Kindern selbst. Ihre Forschungen haben vielmehr die Art und Weise, wie Kinder in Lesen und Schreiben unterrichtet werden, als zentralen Grund für die Probleme ausgemacht. Vor allem die Regeln, »ein Buchstabe ist ein Laut« und »wir schreiben, wie wir sprechen«, machen es den Kindern ihrer Erkenntnis nach schwer, lesen und schreiben zu lernen. In ihrer Broschüre »Quasselliese – Rechtschreiben im Rhythmus der Musik« gibt sie dafür ein sehr einleuchtendes Beispiel an dem Wort *Retter*.

a) Das Wort hat sechs Buchstaben, aber nur vier Laute: *r*, *e*, das wie *ä* gesprochen wird, *t* und am Ende der Laut *a* (wobei dieser Laut kein echtes *a* ist, sondern ein Laut, der in unbetonten Silben vorkommt und mehr in der Mundmitte gebildet wird). Kein Wunder, dass viele Erstklässler *Räta* schreiben, wenn sie es sprechen oder hören.

b) In dem Wort sind dreimal zwei gleiche Buchstaben: zwei *r*, zwei *e*, zwei *t*. Für keinen gilt die Regel 1 Laut = 1 Buchstabe.

> ❯ Das *r* am Anfang klingt wie in *Rad* oder *Rose*. Das *r* am Ende wird zusammen mit *e* wie *a* gesprochen.

> ❯ Das *e* am Anfang klingt wie das *e* in *Heft, Nest, hell*, aber auch wie das *ä* in *Hände, Männer, Tänzer*. Es klingt nicht wie *e* in *Besen, Meter, reden*. Darum schreiben viele Kinder *ä*.

> ❯ Das *e* am Ende klingt anders als das am Anfang. Dafür gibt es gar keinen Laut, denn die Endung *er* (wie gesagt, als Kombination von *e* und *r*) wird wie ein *a* gesprochen (z. B. *Bruder/Bruda, Kater/Kata*).

> ❯ Die beiden *t* stehen für einen einzigen Laut. Die doppelte Schreibweise sagt dem Leser nichts über diesen Laut, sondern über das vorhergehende *e*: Es muss wie in *Hefte, Menschen, denken* gesprochen werden.

Gleichzeitig sagt die Dopplung etwas über das ganze Wort aus: *Reden* oder *Renten* kann man zweisilbig sprechen und der Klang des Wortes bleibt erhalten. Spricht man *Retter* zweisilbig, verändert man das Wort. Weder *Ree-ter* noch *Ret-ter* klingen wie das Wort *Retter*. Fazit: Die zwei *t* stehen für diesen ganz bestimmten Worttyp (wie z. B. auch *Wetter, Betten*).

Das Beispiel zeigt nicht nur eindrucksvoll, wie falsch die 1:1-Lehrmethode für Erstklässler ist. Es zeigt auch, dass die Schrift mehr ist, als nur die lautgetreue Wiedergabe der Sprache.

Die Botschaften der Schrift

Die Schrift gibt Hinweise auf Aussprache des Wortes und die Grammatik eines Textes. Diese Systematik und Regelhaftigkeit der Schrift müssen Kinder entdecken, wenn sie lesen und schreiben lernen.

Professor Röber: »Lesekundige lesen völlig anders, als es Kindern im Anfangsunterricht beigebracht wird: Sie sprechen keine Laute oder gar einzelne Buchstaben, sondern sprechen auf Anhieb unterschiedliche Silben und kombinieren sie zu richtigen Wörtern.«

Dafür nehmen sie beim Lesen die Buchstabenfolgen in den Blick, die zu einer Silbe gehören, sprechen und betonen die Silbe automatisch richtig. Wie das kommt und dass dies stimmt, hat Professor Röber in einem einfachen Experiment bewiesen. Sie hat vier Kunstwörter gebildet:

1. KNOMER
2. SPOLTE
3. PROFFEN
4. TOHMTE

Jeder Erwachsene, der in der deutschen Sprache lesen gelernt hat, liest diese Wörter spontan so, dass sie wie ganz normale deutsche Wörter klingen:

> **Niemand artikuliert einzelne Laute** (wie dies Erstklässler oft mühsam tun und dabei nicht verstehen können, was sie lesen), alle bilden sofort zwei Silben – und zwar, wie es im Deutschen üblich ist, die 1. Silbe betont und die 2. unbetont.

> **Alle** beginnen die zweite Silbe an der gleichen Stelle: mit dem Laut vor dem *e*.

> **Keiner** spricht das *e* in der zweiten Silbe wie ein *e* z. B. in *Beet* oder *Bett*.

> **Alle** sprechen zwei verschiedene *o*-Laute in den vier Wörtern: im 1. und 4. Wort den gleichen langen und im 2. und 3. Wort den anderen kurzen.

> **Alle** sprechen einen Unterschied in den beiden *p* im 2. und 3. Wort und zwischen den beiden *m* im 1. und 4. Wort. Kinder hören dies ganz genau. Sie schreiben deshalb anfangs oft *Sbiel* statt *Spiel* oder *hummpeln* statt *humpeln*.

Warum lesen alle diese Kunstwörter auf die gleiche Weise? Sie können nicht anders, erklärt Professor Röber. Denn diese Kunstwörter entsprechen der allergrößten Mehrheit (über 90 %) deutscher Wörter und mit denen haben Erwachsene ihre Erfahrungen gemacht.

Die Schrift enthält also Botschaften an die Leser für die Artikulation der Silben und die Bildung richtiger Wörter:

> Die vier Kunstwörter werden **zweisilbig** gelesen, weil sie zwei Vokalbuchstaben haben. Jeder Vokal lässt eine neue Silbe entstehen (z. B. *Kanzler, Altkanzler, Bundeskanzler*). Dies ist übrigens eine universale Regel, die für alle Sprachen gilt, nicht nur fürs Deutsche. Sprachwissenschaftler nennen diesen Teil der Silbe **»Nucleus«**, den »Kern«.

> Die Kunstwörter werden in der **1. Silbe betont,** weil das im Deutschen üblich ist. Wer in dieser Sprachumgebung aufwächst, weiß das intuitiv. Außerdem zeigt auch die Schreibweise an, wie betont wird: Ein *e* in der letzten Silbe zeigt, dass sie unbetont ist. Die meisten deutschen Wörter haben das *e* in der letzten Silbe, die unbetont ist: *Hefe, bete, rote, ihre* – aber: *I*dee (nicht *I*de). *Vater, Grüner, Wecker, Geber* – aber: *Gew*ehr (nicht *Gewer*).

> Das Wissen, an welcher Stelle auch bei den Kunstwörtern die zweite Silbe beginnt, zeigt ebenfalls die Schrift: Im Deutschen **beginnen unbetonte Silben** bis auf wenige Ausnahmen (wie z. B. *Bauer*) immer **mit einem Konsonantenbuchstaben.** Beispiele: *Hü·te, Va·se, Hüf·te, Hef·te, Hüt·te, kom·men* (bei *kommen* wird für diese Regel der Buchstabe für den Konsonanten verdoppelt). Die unbetonten Silben beginnen sogar dann mit dem Konsonantenbuchstaben, wenn das Wort dort keinen hörbaren Laut hat: *se·hen, Schu·he, fro·he, flie·hen*.

> Für die verschiedenen *o*-Laute in den Kunstwörtern entnehmen Lesekundige ebenfalls die Anleitung aus der Schreibweise – aber nur, wenn sie von vornherein die ganze Silbe in den Blick nehmen. Dann erkennen sie die **Regeln:**

> Endet die erste Silbe mit einem Vokalbuchstaben und beginnt die zweite mit einem einzelnen Konsonantenbuchstaben *(Kno·mer, ro·ter, Hü·te)*, klingt der Vokal davor anders, als wenn die zweite Silbe mit zwei gleichen Buchstaben beginnt *(Pro·ffen, Wo·lle)*.

> Endet die erste Silbe mit einem Konsonanten, spielt es für die Aussprache der betonten ersten Silbe eine Rolle, ob diesem ein *h* vorausgeht *(Wol·ke/wohn·te)*.

Die Botschaften der Schrift sind also bis auf wenige Ausnahmen regelhaft und Kinder müssen, wie schon gesagt, lernen, diese Regeln zu entdecken und zu entschlüsseln, wenn sie sie richtig anwenden wollen.

Erwachsene Leser haben diese Regeln, die sich in den Botschaften der Schrift verstecken, automatisiert wie das Schalten beim Autofahren – und das Lesen funktioniert bei den meisten genauso gut wie das Autofahren – besser oder schlechter und bei vielen auch gar nicht, sagt Professor Röber.

Sie fordert, Kinder beim Lesen- und Schreibenlernen da abzuholen, wo sie stehen: beim Sprechen. Niemand aber spricht einzelne Buchstaben oder Laute, jeder spricht Silben, die er zu Wörtern zusammensetzt. Silben sind die kleinsten Teile, die wir beim Sprechen spontan isolieren können, sagt Professor Röber. Sie unterscheiden sich im Klang.

Lesen lernen heißt also als Erstes zu lernen, wie man Silben richtig artikuliert und wie man sie zu richtigen Wörtern zusammensetzt. Beim Schreibenlernen lernt man die Silben richtig einzuordnen: Ist es eine betonte oder eine unbetonte Silbe? Zu welcher der vier Gruppen gehört die betonte Silbe *(KNOMER/Roter/Hüte, SPOLTE/Bolte/Hüfte, PROFFEN/hoffen/Hütte, TOHMTE/wohnte/kühl)*?

Dieses richtig beurteilen zu können, setzt Wissen voraus. Wissen über die gesprochene Sprache und ihre Kodierung beim Schreiben.

»Lesen- und Schreibenlernen ist also analytische, kognitive Arbeit, kein Auswendiglernen, was wir immer anzielen, wenn wir die Kinder Diktat üben lassen«, sagt Professor Röber.

Als zweiten wichtigen Punkt nennt sie daher: Den Kindern muss beim Lesen- und Schreibenlernen »gezeigt werden, dass der Schrift eine Systematik zugrunde liegt. Denn das hilft ihnen beim eigenen Erforschen der Botschaften der Schrift: Es hilft ihnen, selbstständig zu lernen, *es lehrt sie, das Lernen zu lernen.*«

Neue Methoden braucht die Schule

Sowohl die »1-Buchstabe-ist-1-Laut-Methode« in gebräuchlichen Fibeln wie auch die vielfach verwendeten »Anlauttabellen« hält Professor Röber als Unterrichtsmethoden für ungeeignet, weil sie die

Systematik der Orthografie verstecken, sogar von ihr ablenken. Deshalb hat sie, basierend auf den Erkenntnissen der Schriftlinguistik, insbesondere von Professor Utz Maas von der Uni Osnabrück, die »Häuschen-Methode« entwickelt. Einzelne Untersuchungen haben den Erfolg dieser Methode bereits bestätigt. So haben 91 Prozent der Kinder einer zweiten Klasse, die mit dieser Methode unterrichtet worden waren, in einem Test 85 Prozent der Wörter mit Doppelbuchstaben in der Mitte am Ende des Schuljahres richtig geschrieben. In Parallelklassen hatten die Kinder herkömmlichen Lese- und Schreibunterricht genossen. Von ihnen konnten am Ende des Schuljahres lediglich 32 bzw. 36 Prozent diese Erfolge aufweisen.

Auch bei der besonderen Förderung von Kindern mit Lese-Rechtschreib-Schwäche wird die »Häuschen-Methode« mit Erfolg eingesetzt, wie Professor Röber berichtet.

Mit der »Häuschen-Methode« bekommen Kinder nicht nur Instrumente an die Hand, die sie befähigen, mit verlässlicher Sicherheit selbst herauszufinden, wie man Wörter richtig schreibt, wenn man sie hört. Sie erwerben gleichzeitig eine optimale Technik, von Anfang an so zu lesen, dass sie den Sinn eines geschriebenen Wortes auf Anhieb erfassen. Das macht natürlich erheblich mehr Spaß, wenn man beim Lesen erfährt, was da geschrieben steht, als wenn man mühsam Buchstabe für Buchstabe entziffert und am Ende auch nicht klüger ist als zuvor, weil die aneinandergereihten Lettern nichts aussagen. Spaß und Freude beim Lernen sind der Motor, der Kinder weitertreibt zu mehr und mehr Wissen. Darum ist es so eminent wichtig, ihnen diesen Spaß nicht mit einem unpassenden und kontraproduktiven Unterricht schon in den ersten beiden Schuljahren auszutreiben. Dann ist es nämlich nicht verwunderlich, wenn 15-Jährige später keine Lust mehr haben, zu lesen, sagt die Expertin.

Am besten lernen die Kleinen natürlich, wenn es spielerisch zugeht und wenn sie auf einem bereits vorhandenen Wissensstand aufbauen können. Die »Häuschen-Methode« berücksichtigt beides.

Der Unterricht folgt einer Systematik, die unterschiedlichen Botschaften der Schrift werden nach und nach entdeckt.

Sehr vereinfacht gesagt, werden bei der »Häuschen-Methode« die Wörter nach bestimmten Regeln in »Häuser« eingeordnet.

Begonnen wird mit zweisilbigen Wörtern. Dafür gibt es ein Haus mit zwei Zimmern sowie eine Garage mit zwei Zimmern (siehe Abbildung). Eine Regel ist etwa, dass die betonte Silbe immer im Haus ist, die unbetonte in der Garage.

Schon im ersten Schuljahr entdecken die Kinder auf diese Weise, dass

> ❯ zweisilbige Wörter eine betonte und eine unbetonte Silbe haben,

> ❯ im zweiten Zimmer der Garage immer der Buchstabe *e* steht (»Garagen-*e*«), manchmal gefolgt von *r, n, l, m (Güte, Güter, mit gutem, Gürtel)*,

> ❯ im ersten Zimmer des Hauses 1, 2, 3 oder 4 Buchstaben stehen können *(s*iegen, **st***iegen,* **str***iegeln,* **schm***ieden)*,

> ❯ im zweiten Zimmer des Hauses immer ganz bestimmte Buchstaben stehen, nämlich die Vokalbuchstaben.

Bereits mit diesem Grundstock aus dem ersten Schuljahr haben die Kinder außerdem zwei der vier Wortgestalten kennengelernt, wie sie im Deutschen vorkommen – *Hü·te (Hefe, Bude)* und *Hüf·te (Hefte, bun-te)*, und sie wissen, dass die »Häusersilben« in diesen Wortpaaren unterschiedlich klingen. Ja sie wissen sogar, dass der Klang des »großen Zimmers« davon abhängt, ob dort dem Vokalbuchstaben ein Konsonantenbuchstabe folgt oder nicht.

Damit haben sie auch gelernt, an der Schreibweise zu erkennen, wann eine Silbe lang oder kurz ausgesprochen wird. Allerdings bezeichnen Erstklässler dies nicht als lang oder kurz. Denn, wie Professor Röber weiß, verstehen das Erstklässler nicht, da sie mit Längenunterschieden in der Sprache nicht umgehen können.

Sie stellen diesen Unterschied vielmehr als »allein«, »dick«, »langsam« *(Hüte)* oder »gequetscht« (vom »Quetscher«-*f*), »verheiratet« (mit *f, Hüfte*), »dünn« oder »schnell« fest.

Für die Kleinen ist es ja nicht gerade wenig, was sie da alles übers Lesen und Schreiben lernen müssen. Deshalb brauchen Sie möglichst gutes »Rüstzeug« zur Unterstützung. Die »Häuschen-Methode« von Professor Röber sieht dafür zum Beispiel auch die Nutzung von Farben vor.

Damit können sich die Kinder unterschiedliche Vokalbuchstaben besser einprägen. Mit Rot werden etwa die Vokalbuchstaben wie in *Hüfte, Hefte, bunte* usw. markiert. Die Kinder sprechen dann vom »roten e« und meinen eine klar umrissene Kategorie.

Aufbauend auf dem Stoff der ersten Klasse machen die Kinder dann mit Wörtern Bekanntschaft, die mit zwei gleichen Konsonantenbuchstaben geschrieben werden *(Teller, Lappen, Watte)*. Beim Eintrag in die »Häuschen« lernen sie die Unterschiede in der lautlichen Gestalt: Die Silben in Wörtern mit »Zwillingen« hängen ganz eng zusammen. Dadurch haben die Wörter einen spezifischen Klang, der sie von den anderen drei Gruppen unterscheidet. Das Bild vom Haus mit der Garage symbolisiert das.

So lernen Kinder mit der »Häuschen-Methode« alle vier Wortgestalten mit betonter und unbetonter Silbe, die es im Deutschen gibt. Das Haus steht für die betonte Silbe, die Garage für die unbetonte.

Je nach Wortgestalt klingen die »Häusersilben« unterschiedlich. Der Klang des »großen Zimmers« hängt davon ab, ob dem Vokal noch ein Konsonant folgt.

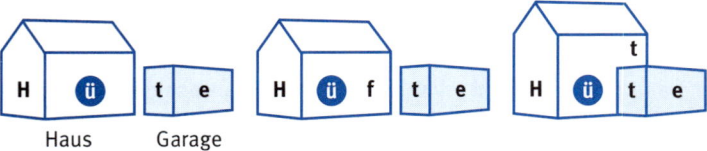

Haus   Garage

Damit das Wort *Hütte* nicht wie *Hüte* klingt und weil man die beiden Silben beim Sprechen nicht trennen kann, rückt die Garage ins Haus. So kann das *t* die Position des *f* bei *Hüfte* einnehmen. Gleichzeitig kann es den Anfang der »Garagensilbe« bilden.

Bei *kühl* erhält der Vokal einen »Helfer« (das *h*), damit der nachfolgende Konsonant nicht zum »Quetscher« wird. Denn die Silbe klingt wie in *Hüte, Hefe, Bude*, aber es folgt in der gleichen Silbe noch ein Konsonant: *Mehl, Bahn, Wohl*. Das *h* ist fast immer dann notwendig, wenn dieser Konsonant ein *l, m, n* oder *r* ist. Da der Konsonant noch zu dieser Silbe gehört, bleibt er im Haus, wird aber in der »Besenkammer«, »Bodenkammer« oder auf dem »Balkon« untergebracht.

Kinder, die von Anfang an begreifen, was sie lesen und schreiben, haben auch Spaß daran, weiterzulernen. Damit dieser Spaß erhalten bleibt und das Lernen Fortschritte macht, hat Professor Christa Röber zusammen mit der Musikprofessorin Mechtild Fuchs von der Pädagogischen Hochschule in Freiburg »Lieder zum Spracherwerb in Kindergarten und Grundschule« entwickelt. Die Lieder »betonen die sprachlichen Strukturen, die Grundlage für alles Lernen, insbesondere für das Lesen- und Schreibenlernen sind«, schreibt Christa Röber im Arbeitsheft zu den zwei CDs. Kinder suchen nach Regeln, erklärt die Expertin weiter, und sie entwickeln Theorien zu den Zusammenhängen in der Sprache, die wir als »Grammatik« bezeichnen (siehe auch das Kapitel über Spracherwerb). Mit der Musik und den extra dafür kreierten Texten können die Kinder mit Freude und ganz spielerisch die Strukturen der Sprache und der Schrift erkennen lernen und sie erweitern gleichzeitig ihren Wortschatz damit.

Literatur zum Weiterlesen

Ossner, Jakob (2006): *Sprachdidaktik Deutsch*. Paderborn: Schöningh.

Röber, Christa (2007): *Die Schriftsprache entdecken*. Weinheim: Beltz.

Röber-Siekmeyer, Christa (2004): Schriftspracherwerb.
In: Knapp, Karlfried u. a. (Hgg.), *Angewandte Linguistik*. Tübingen: Francke (UTB), 5–25.

Weitere Literatur

Maas, Utz (2006): *Phonologie. Einführung in die funktionale Phonetik des Deutschen*. Göttingen: Vandenhoeck & Ruprecht.

Löffler, Ilona und Ursula Meyer-Schepers (2005): Orthographische Kompetenzen: Ergebnisse qualitativer Fehleranalysen, insbesondere bei schwachen Rechtschreibern. In: Bos, Wifried u. a. (Hgg.), *IGLU. Vertiefende Analysen zu Leseverständnis, Rahmenbedingungen und Zusatzstudien.* Münster: Waxmann, 81–108.

Röber, Christa (1999): *Ein anderer Weg zur Groß- und Kleinschreibung.* Stuttgart: Klett.

Röber, Christa und Doris Tophinke (2002): *Schrifterwerbskonzepte zwischen Sprachwissenschaft und Pädagogik.* Hohengehren: Schneider.

Weinhold, Swantje (Hg.) (2006): *Schriftspracherwerb empirisch.* Hohengehren: Schneider.

Wygotski, Lew S. (1969): *Denken und Sprechen.* Frankfurt/Main: Fischer.

Broschüren und CDs

Fuchs, Mechtild / Röber, Christa (2006): *Quasselliese.* Rechtschreiben im Rhythmus der Musik, Lieder für den Schrifterwerb. Freiburg: Pädagogische Hochschule. Broschüre und CD erhältlich unter dinges@ph-freiburg.de

Fuchs, Mechtild / Röber, Christa (2005): *Wo ist der Floh?* Lieder zum Spracherwerb in Kindergarten und Schule. Freiburg: Pädagogische Hochschule. Broschüre und CD erhältlich unter dinges@ph-freiburg.de

Adressen und Internetlinks

Bundesverband Legasthenie und Dyskalkulie e.V.:
www.legasthenie.net

Beratungsstelle für LRS e.V., Franzstraße 32, 52064 Aachen,
Tel. 02 41-3 87 96, Internet: www.lrs-online.de

Forschungsgruppe Lese-Rechtschreibstörung der LMU München,
Pettenkoferstr. 8 a, 80336 München,
www.info-legasthenie.de

Kultusministerkonferenz: http://www.kmk.org/schul/home1.htm

Berliner Rede von Bundespräsident Horst Köhler
Bildung für alle. 21. 9. 2006: www.bundespraesident.de/-,2.633054/
Berliner-Rede-von-Bundespraesi.htm

Keine Angst vor fremden Wörtern

»Die Sanitäter haben mir sofort eine *Invasion* gelegt.« »Ich bin *körperlich und physisch* topfit«. »Ich habe ihn nur ganz leicht *retuschiert.*«

Fremdwörter sind Glücksache, sagt schon der Volksmund, und diese Zitate aus Fernsehinterviews mit populären Fußballspielern bestätigen die alte Weisheit eindrucksvoll.

Aber Fremdwörter bieten nicht nur Anlass zur Heiterkeit. Sie sind vielmehr seit Langem Grund für teilweise heftige Diskussionen über eine drohende »Überfremdung« der Sprache (siehe auch das Kapitel zum Sprachwandel) und schließlich sind sie ein wichtiger Forschungsbereich in der Linguistik.

Die Angst vor einer Bedrohung durch Fremdwörter ist noch gar nicht so alt. Bis ins Mittelalter haben die Menschen ohne Probleme Wörter aus anderen Sprachen benutzt und sich offensichtlich weiter keine Gedanken darüber gemacht. Erst im 17. Jahrhundert mit der Entstehung der Nationalsprachen wurden die Menschen auf Fremdwörter aufmerksam.

Anlass, sich vor Fremdwörtern zu fürchten, sehen Sprachforscher kaum. Obwohl gerade heute aufgrund der Globalisierung Wörter aus anderen Sprachen immer leichter und unmittelbarer in die eigene Sprache aufgenommen werden, gibt es dafür keinen Grund, sagt Dr. Carmen Scherer, Abteilung Deskriptive Sprachwissenschaft an der Universität Mainz, zu deren Forschungsschwerpunkten die Bereiche Wortbildung, Sprachwandel und Fremdwörter gehören.

Wörter aus fremden Sprachen sind schon immer in die deutsche Sprache aufgenommen worden. Sie gehören untrennbar zum deutschen Wortschatz. Ein großer Teil der Fremdwörter ist uns in der Alltagssprache so selbstverständlich, dass wir sie kaum noch als solche wahrnehmen.

Fenster, Möbel, Bus, Doktor beispielsweise. Oder *Bluse, Dose, Droschke, Film, Keks, Klasse, boxen, parken.*

Diese und viele andere Wörter haben ihren Ursprung in fremden Sprachen. Sie werden aber von den meisten Menschen als deutsch empfunden. Zum einen, weil sie häufig vorkommen, und zum anderen, weil sie in Klang und Gestalt nicht fremd wirken.

Sogar junge Linguistikstudenten mit deutscher Muttersprache tun sich auf Anhieb nicht leicht, wenn sie bei einer Anzahl von Wörtern bestimmen sollen, ob es sich dabei um Fremdwörter oder um deutsche Wörter handelt.

Das hat Dr. Scherer in einem Test herausgefunden, bei dem sie den Studierenden je eine Liste mit Fremdwörtern vorgelesen bzw. schriftlich vorgelegt hat. Die Studenten sollten einschätzen, ob das jeweilige Wort heimisch oder fremd ist.

Das sind die Ergebnisse (0 = heimisch; 10 = fremd):

Vorgelesene Wörter	Bewertung	Schriftlich präsentiert	Bewertung
Management	9,2	Dope	9,2
Hobby	8,1	Team	8,5
Tofu	7,8	Salär	8,4
Fraktur	7,1	Charme	8,1
Nation	6,5	Chaos	5,7
Notar	5,2	Eleganz	5,5
Kaffee	5,0	Experiment	5,2
Silo	4,9	Realismus	4,6
Traktor	3,2	Potenzial	4,3

Vorgelesene Wörter	Bewertung	Schriftlich präsentiert	Bewertung
Sofa	3,0	Tradition	4,2
Klavier	2,2	Technik	3,4
Bunker	1,6	Büro	3,2
Rebe	1,0	Keks	0,9

Wohlgemerkt: Alle diese Wörter sind entlehnt, also Fremdwörter. Doch längst nicht von allen ist dies bekannt.

Warum uns ein Wort fremd oder heimisch erscheint, wird klar, wenn man sich Fremdwörter einmal genauer ansieht.

Was Fremdwörter ausmacht

Sprachwissenschaftler nennen vier Merkmale, an denen man ein Wort erkennen kann, das nicht der Muttersprache entstammt:

1. Aussprache und Betonung (Fachausdruck: Lautung),
2. Schreibweise (Schreibung),
3. bestimmte Wortbestandteile,
4. geringe Verwendungshäufigkeit.

Allerdings lassen sich Fremdwörter zumindest für Laien auch an diesen Merkmalen nicht sicher erkennen, wie der Sprachforscher Jochen A. Bär ausführt:

Zu 1: Aussprache und Betonung

An der Aussprache bestimmter Buchstabenfolgen lässt sich ein Fremdwort leicht erkennen. Zum Beispiel *eu* wie *ö,* etwa in *Operateur* oder *Friseur*, *ea* wie *i* in *Team, oo* wie *u* etwa in *cool.*

Auch an einer ungewohnten Betonung lassen sich Fremdwörter erkennen. Im Deutschen werden Wörter auf der ersten oder der Stammsilbe betont: *Katze, Wagen, Mutter.* Bei Wörtern mit mehr als zwei Silben kann die betonte Stammsilbe auch in der Mitte liegen: *beraten, Verkäufer, Bestellung.*

Wird das Wort nicht auf der ersten oder Stammsilbe betont, ist es schnell als Fremdwort identifiziert: *Diät, autark, desolat, Poesie.*

Doch darauf kann man sich nicht sicher verlassen. Denn es gibt durchaus auch einheimische Wörter, die nicht auf der ersten oder der Stammsilbe betont werden (Beispiel: *Forelle, lebendig*). Andererseits gibt es wiederum zahlreiche Fremdwörter, die wie deutsche Wörter auf der ersten Silbe betont werden, wie man an Beispielen wie *Atlas, Biwak* oder *Lyrik* sehen kann.

Die Aussprache zahlreicher Fremdwörter hat sich längst ans Deutsche angepasst. Aus *sp* oder *st* wird in den meisten Regionen *schp* oder *scht: Spekulant, Spurt, Stadion, Station* etc.

Bei *Balkon, Pension* und vielen anderen aus dem Französischen importierten Wörtern ist kein Nasalvokal mehr zu hören.

Im Fall von *Millennium* oder *Villa* werden die langen Vokale nicht wie in der Herkunftssprache lang, sondern wie im Deutschen vor einem Doppelkonsonanten üblich, kurz gesprochen.

Was Fremdwörter besonders »fremdwortig« macht, ist, wenn Aussprache und Schreibung nicht zusammenpassen, sagt Dr. Scherer. Das englische Wort *tough* ist so ein Beispiel. In Zeitschriften liest man es heute manchmal schon als *taff.*

Zu 2: Schreibweise

Manche Buchstabenkombinationen weisen sehr deutlich auf eine fremde Herkunft von Wörtern hin. So haben *Nougat, Bodybuilder, Osteopathie* Schreibweisen, die man schnell als »fremd« durchschaut. Auch bestimmte Buchstabenfolgen können Hinweise auf eine fremde Herkunft sein: *ps, pn, ts, pt* am Wortanfang sind im Deutschen nicht üblich (*Pseudonym*/Deckname, *Pneu*/Luftreifen, *Tsunami*/plötzliche Riesenwelle, *Ptosis*/herabhängendes Augenlid). *Ch* am Wortanfang kommt höchstens bei Eigennamen vor (*Christian*).

Allerdings: An der Schreibweise lassen sich Fremdwörter nur dann sicher erkennen, wenn sie nicht bereits dem deutschen Schriftbild entsprechen, wie etwa *Problem, Park, Tank, Sprinkler, Streik, Telefon.* Auch Fremdwörter unterliegen dem natürlichen Sprachwandel.

Zu 3: Bestimmte Wortbestandteile

Das dritte Merkmal für Fremdwörter, die »typischen« Wortbestandteile, in aller Regel Vorsilben und Endungen, macht die Zuordnung für Laien auch nicht leichter. Denkt man bei *Apparatschik, hypochondrisch, impulsiv, Konzentration* noch schnell an ein Fremdwort, wird man bei *hofieren, buchstabieren, Direktheit, temperamentvoll oder Naivling* mit Recht unsicher. Der Grund ist zum einen, dass viele dieser Wörter im Alltagsdeutschen seit Langem selbstverständlich sind – wer weiß heute noch, dass die Endung *-ieren* aus dem Französischen stammt? –, zum anderen, dass viele dieser Wörter Mischwörter sind: Ein Teil ist deutsch, ein anderer kommt aus der Fremde – *buchstabieren, risikoreich* – Wissenschaftler nennen dies »Hybridbildung«.

Zu 4: geringe Verwendungshäufigkeit

Was die Häufigkeit der Verwendung eines Wortes betrifft, so lässt sich auch an diesem Merkmal ein Fremdwort nicht immer sicher von einem Erbwort unterscheiden. Wie schon erwähnt, sind viele »Fremdlinge« dermaßen gebräuchlich, dass sie für einheimisch gehalten werden – *Bluse, Blondine, Doktor, Film, Möbel, Klasse* zum Beispiel. *Puzzle* wurde in Umfragen sogar für ein schwäbisches Wort gehalten und auch so ausgesprochen. Manche echten Erbwörter tauchen dagegen so selten in der Alltagssprache auf, dass man ihnen eine fremde Herkunft unterstellt: *Buhne, Feme, seimig, Flechse, Riege, tosen* etwa.

In der Fachsprache heißen die »angepassten« Fremdwörter Lehnwörter – *Rettich* zum Beispiel (von lat. radix) oder *schreiben* (lat. scribere).

Es zeigt sich also, dass Wörter, die eine fremde Herkunft haben, nicht unbedingt sehr fremd sein müssen.

Wie Fremdwörter einwandern

Aus rund 36 Sprachen stammen die Fremdwörter in der deutschen Sprache, wie Etymologen gezählt haben. Etymologie ist die Wissenschaft von Geschichte und Herkunft der Wörter. Seit Jahrhunderten nimmt die deutsche Sprache neue Wörter aus anderen Sprachen auf. Die meisten Fremdwörter kommen mit Gegenständen oder Ideen ins Land, die aus einem anderen Land übernommen werden. *Tofu* beispielsweise, *Wok, Kiwi, Yoga, Feng Shui*. Natürlich auch mit Menschen, die ins Land kommen, oder mit »Einheimischen«, die viel gereist sind. Heutzutage auch über Medien wie Fernsehen, Internet, Zeitungen und Zeitschriften oder mit der Werbung.

Manche Wörter kommen ins Deutsche und sind von vornherein nicht auffällig. Andere Fremdwörter passen sich an, manche bewahren ihre Fremdheit, manche verschwinden einfach wieder.

Fremdwörter sind nicht nur im Deutschen, sondern in allen Sprachen der Welt zu finden. Jede Sprache »gibt und nimmt« und das schon seit Menschen Ideen, Gedanken und Waren austauschen.

Viele Wörter sind sogar in gleicher Bedeutung in zahlreichen Sprachen gleichzeitig zu Hause. *Medizin* zum Beispiel, *Musik, Telefon, Theater* und viele mehr.

In vielen Fremdwörtern lassen sich Kulturströmungen nachvollziehen sowie der Einfluss anderer Sprachen in ganz bestimmten Lebensbereichen. Sie weisen auf eine bestimmte historische Zeit hin oder auf Ereignisse wie Kriege oder auf industriellen oder technischen Fortschritt.

Beispiele: *Scholastik* (vom mittellateinischen *scholasticus* für Schulmeister). Das Wort bezeichnet eine wissenschaftliche Denkweise, die im Mittelalter entwickelt wurde. Damals war die Sprache der Gelehrten Latein.

New Deal stammt von den Wirtschafts- und Sozialreformen in den USA der 40er-Jahre und bedeutet so viel wie »die Karten werden neu gemischt bzw. verteilt«.

LAN-Partys gehört hingegen zur allerneuesten Zeit. Bei einer LAN-Party werden private Computer in einem *Local Area Net* zusammengeschlossen, damit einzelne Teilnehmer sich gemeinsam in Taktikspielen messen können. Die Computersprache ist international Englisch.

Manche Fremdwörter zeigen den Einfluss von außen in ganz bestimmten Bereichen – in der Wissenschaft etwa, der Politik, der Gesellschaft oder dem Militär.

Fremdwörter aus Philosophie, Politik und Wissenschaft stammen häufig aus dem **Griechischen** *(Demokratie, Theologie, Sophistik)*.

Aus dem **Lateinischen** sind zahlreiche Wörter in die Wissenschaftssprache gewandert und dort immer noch gebräuchlich *(Substanz, Objekt, Jurist)*.

Auch im »Umfeld« christlichen Glaubens *(Mission, Messe, Pastor)* finden sich Fremdwörter lateinischen Ursprungs, denn Latein war und ist die Sprache der Mönche, Priester und der Liturgie.

Aus dem **Italienischen** stammen Wörter des Bankenbereichs *(Agio, Konto, Saldo)* und der Kaufmannssprache – zurückzuführen auf enge wirtschaftliche Verbindungen im 15. und 16. Jahrhundert.

Auch die italienische Musik und Kunst haben zahlreiche Wörter in der deutschen Sprache hinterlassen *(Sinfonie, Sonate, Fresko, Tempera)*.

Das **Französische** war vor allem im 17. und 18. Jahrhundert einflussreich. Im 17. Jahrhundert, vermutlich durch den Dreißigjährigen Krieg, hat die Sprache Kriegsvokabular im Deutschen hinterlassen *(Leutnant, Offizier, Patrouille, Appell, Bombardement)*.

Später war die höfische Lebensart vorbildhaft und hat viele Wörter des Gesellschaftslebens geprägt: *Kompliment, Amusement, galant, Etikette, Renommee* etc.

Aus der Zeit der Aufklärung stammen Vokabeln wie *Delikatesse, Esprit, Genie, Impression*.

Schließlich hat auch die französische Revolution gegen Ende des 18. Jahrhunderts Spuren in der deutschen Sprache gezeitigt: *Agitator,*

Bürokratie, Komitee, demoralisieren oder *Revolution* sind Begriffe, die wir auch heute noch gebrauchen.

Englisch, selbst stark durch fremde Sprachen beeinflusst und heute international »modern«, hat schon früher Ausdrücke des Sports (das Wort kommt selbst aus dem Englischen), der Wirtschaft, der Unterhaltung und neuerdings auch der IT-Branche hinterlassen (siehe auch weiter unten »Anglizismen«): *Hooligan, Keeper, Referee, Derby, Manager, Taskforce, Internet, Software* usw.

Viele Fremd- und Lehnwörter in der deutschen Sprache lassen sich auch ins Niederländische (z. B. *Quacksalber*), Polnische (z. B. *Grenze*), Ungarische (z. B. *Gulasch*), Russische (z. B. *Glasnost, Wodka*) und Persische (z. B. *Kaftan*) zurückverfolgen.

Doch die Anleihen kommen nicht nur aus fremden Sprachen, erklärt Dr. Scherer. Ein hoher Anteil unserer Fremdwörter wird im Deutschen selbst gebildet. Das klingt paradox, aber dabei handelt es sich um fremd klingende Wörter, die es so in der Herkunftssprache überhaupt nicht gibt. Wissenschaftler schätzen, dass etwa ein Drittel unseres Fremdwortschatzes solche »Scheinentlehnungen« sind, die teils aus dem Englischen oder Französischen, vielfach aus anderen Sprachen kommen.

In der Alltagssprache sind das gelegentlich Wörter nach englischem oder französischem Muster wie *Handy, Twen, Dressman, Showmaster, Friseur* und einige mehr.

In der Alltagssprache sind auch »Kunstwörter« mit griechischen und lateinischen Anteilen, wie etwa *Mediathek* zu finden. Ebenso wie Hybridbildungen, sogenannte »Halbentlehnungen«, die aus einem fremden und einem deutschen Wortteil gebildet werden, wie z. B. *Spielothek.*

Dagegen sind die meisten Termini der wissenschaftlichen Fachsprachen Schein- oder Halbentlehnungen, die nach griechischem oder lateinischem Muster geprägt oder aus entsprechenden Versatzstücken zusammengesetzte »Kunstwörter« sind, die in den Ausgangssprachen so nicht belegt sind – *Chromosom* beispielsweise oder *Fotosynthese.*

Wörter sind nicht das Einzige, was aus anderen Sprachen entlehnt wird. Oftmals findet nur die Bedeutung eines fremden Wortes oder einer Redewendung den Weg ins Deutsche. Sie wird einem einheimischen Wort »untergeschoben«. Auf diese Weise erhält das alte Wort eine **Lehnbedeutung.**

»Jemanden schneiden« im Sinn von »ihm aus dem Weg gehen, ihn nicht beachten« etwa ist eine solche Lehnbedeutung. Es kommt vom englischen *to cut a person (to cut = schneiden).*

Oder »realisieren«, im 18. Jahrhundert vom französischen *réaliser = verwirklichen,* hat im 20. Jahrhundert eine weitere Bedeutung vom englischen *to realize = verstehen, erkennen, sich bewusst machen* erhalten:

»Mit dieser Ausbildung realisiere ich meinen Berufswunsch.« Aber: »Ich habe lange nicht realisiert, dass mir die Beziehung zu diesem Mann kein Glück bringt.«

»Feuern« heißt eigentlich »ein Feuer anmachen«. In seiner Lehnbedeutung aus dem Englischen (von: *to fire*) heißt es »jemanden entlassen, hinauswerfen«.

Solche Mehrfachbedeutungen eines Wortes können Übersetzern das Leben schwer machen, insbesondere, wenn es sich beim Übersetzer um eine Maschine handelt (siehe das Kapitel über maschinelle Übersetzung).

Neben diesen Lehnbedeutungen finden sich in unserem Fremdwortschatz außerdem

> › **Lehnübersetzungen:** Hierbei ist jeder Wortteil (wörtlich) übersetzt: *Großvater* nach französisch *grandpère, Kulturrevolution* nach russisch *kul'turnaja revoljucija, Rechtschreibung* nach griechisch *Orthographie, Halbwelt* nach französisch *demimonde* (Fachausdruck: Glied-für-Glied-Übersetzung).

> **Lehnübertragungen:** Hier wird ein Teil des Wortes wörtlich übersetzt und die Bedeutung des anderen Teils beibehalten: *Wolkenkratzer* vom englischen *skyscraper* (wörtlich: »Himmelskratzer«), *Titelgeschichte* vom englischen *cover story* (wörtlich: »Einbandgeschichte«).

> **Lehnschöpfungen:** Hier wird versucht, eine deutsche Entsprechung für das fremde Wort zu finden: *Zartgefühl* für französisch *délicatesse*, *Wasserglätte* für englisch *aquaplaning*, *Umwelt* für französisch *milieu*.

Anglizismen – wirklich so schlimm?

Zu den derzeit am meisten gebrauchten, gleichzeitig aber auch am meisten kritisierten Fremdwörtern gehören die Anglizismen – Ausdrücke, die aus dem Englischen oder Amerikanischen stammen. Scheinbar werden wir regelrecht überschwemmt damit, ein Viertel der Bevölkerung ist laut Umfragen (z. B. IDS 1999) darüber sogar ernsthaft besorgt.

Anglizismen begegnen uns überall. Im Kaufhaus wird vom *Adventure-Shirt* über *Underwear* bis zur *X-mas-CD* alles Mögliche oder Unmögliche angeboten. Reiseveranstalter locken mit *Events, Shoppingtrips, Happy-Hour-Drinks* und *Last-Minute-Flügen*. Statt des Fernsehprogramms bekommen wir einen *TV-Guide* serviert. Die »Muckibude« um die Ecke nennt sich *The most exciting fitness club*. Und sogar in der Kosmetik, wo bis vor Kurzem die edlen Tinkturen, Cremes und Wässerchen konsequent französische Namen hatten, gibt es mittlerweile *Cellular Performances, Anti-Aging-Pflege, Daily Treatments, Lipglosses* und viele andere Artikel mit britisch-amerikanischen Bezeichnungen.

Aber nicht nur Handel und Werbung sind von Anglizismen durchdrungen. Auch im Wohn- und Arbeitsleben haben sie sich breitgemacht. Was früher ein Hausmeister war, ist heute ein *Facility Manager*. Wir arbeiten nicht mehr in der Gruppe, sondern im *Team*, gehen nicht in die Besprechung, sondern ins *Meeting*.

Das sind die deutlichen, sofort hörbaren Entlehnungen aus dem angloamerikanischen Sprachraum. Es gibt auch eine Reihe von Lehnübersetzungen aus dem Englischen: *einmal mehr* (engl. *once more*) statt *noch einmal; nicht wirklich* (engl. *not really*) statt *eigentlich nicht; für zwei Tage* (engl. *for two days*) statt *zwei Tage lang.*

Und dann wird Englisch auch mit dem Deutschen munter gemischt: *Ich bekomme meine Telefonrechnung jetzt online. Moment, ich printe das mal schnell auf meinem Laserjet. Deine Frisur ist absolut spacig. Ich muss mir noch ein paar neue Skills zulegen, um den Job zu bekommen.* Usw.

Stimmt es wirklich? Werden wir von Anglizismen überschwemmt, ist gar das Deutsche in Gefahr (siehe auch das Kapitel zum Sprachwandel)? Was sagen die Wissenschaftler dazu?

Forscher haben festgestellt, dass von rund 6 000 Neuzugängen in unserem Wortschatz in den 90er-Jahren rund die Hälfte angloamerikanischer Herkunft ist. Andererseits haben Auswertungen von deutschen Wörterbüchern gezeigt, dass der Anteil von Anglizismen innerhalb von rund 100 Jahren lediglich um etwa drei Prozent gestiegen ist (z. B. Zifonun/IDS, Bär, Glahn).

Die Wissenschaftler gehen davon aus, dass der Unterschied zwischen tatsächlicher und »gefühlter Überfremdung« am Gebrauch der Anglizismen liegt. Das bedeutet, insgesamt werden gar nicht so viele verschiedene englische Begriffe verwendet. Doch die wenigen kommen – vor allem in den Medien – umso häufiger vor.

Das haben Linguisten beobachtet, indem sie Anglizismen über einen langen Zeitraum in Frauenzeitschriften und Illustrierten gezählt haben: Der Anteil der englischstämmigen Wörter ist dabei von 0,6 auf 1,8 Prozent gestiegen. Doch diese wurden so intensiv verwendet, dass sie am Ende 14 Prozent aller Wörter im Text ausmachten. Kein Wunder, wenn der Eindruck einer Anglizismenschwemme entsteht.

Ein interessantes Ergebnis in diesem Zusammenhang hat auch eine Studie an der Universität Konstanz gezeigt: Dort wurde in Jugendzeitschriften überprüft, bei welchen Themen Anglizismen besonders häufig aufscheinen. Im Bereich Sexualität wurde dabei eine klare

Trennung festgestellt. Themen wie Partnersuche, Kennenlernen, Flirten, Kuscheln etc. wimmelten von Anglizismen. Ging es aber um so ernste Themen wie Schwangerschaftsabbruch, Vergewaltigung etc. wurde kein einziger Anglizismus gefunden.

Alle diese Ergebnisse sind Grund genug für die Wissenschaftler, »cool« zu bleiben. Der starke Anglizismengebrauch ist ihrer Beobachtung nach vor allem auf bestimmte Bereiche wie Werbung, Informationstechnologie, Neue Medien, modernes Leben (Funsport, Wellness etc.) oder Bereiche der Jugendkultur (z. B. Musik) beschränkt.

In der Alltagssprache setzen sich die Anglizismen nicht so leicht durch. Denn lediglich etwas mehr als die Hälfte der Menschen mit deutscher Muttersprache versteht Englisch. Von den ca. acht Millionen Menschen in Deutschland, die aus anderen Ländern kommen, verstehen rund sieben Millionen kein Englisch. Das ist das eine.

Das andere: Wie weiter unten beschrieben, integrieren wir Wörter aus anderen Sprachen ganz schnell in unsere eigene. Und, wie Professor Dr. Gisela Zifonun vom Institut für Deutsche Sprache in Mannheim sagt: »Den [Gesundheits-]Zustand einer Sprache kann man besser nach ihrem Vermögen, Fremdes aufzunehmen und gegebenenfalls zu integrieren, beurteilen als nach dem Grad ihrer ›Reinheit‹, was immer das auch sein mag.« Der große deutsche Dichter Johann Wolfgang von Goethe (1749–1832) drückte es etwas drastischer aus: »Die Gewalt einer Sprache ist nicht, dass sie das Fremde abweist, sondern es verschlingt« (Maximen, Reflexionen).

Import – Export – und zurück

Sprachen nehmen nicht nur fremde Wörter auf, sondern geben auch eigene an andere Sprachen ab. So sind zahlreiche Wörter, die aus dem Deutschen stammen, in anderen Sprachen zu finden. Spitzenreiter sind die Wörter *Nickel* und *Quarz*. Es gibt sie in mindestens zehn verschiedenen Sprachen, wie einem Artikel der Zeitschrift »Der Sprachdienst« zu entnehmen ist. Und zwar im Englischen, Finnischen, Französischen, Italienischen, Spanischen, Russischen, Schwedischen, Serbokroatischen, Türkischen, Ungarischen.

Gneis, Marschall, Zickzack und *Zink* wurden als Fremdwörter in neun anderen Sprachen »gesichtet«, *Walzer* in acht, *Leitmotiv, Lied, Schnitzel* in mindestens sechs sowie *Hinterland* und *Weltanschauung* in mindestens fünf.

Im Englischen gibt es unter anderem *bratwurst, fräulein, doppelgänger, kindergarten* (dieses Wort gibt es auch in vielen anderen Ländern, etwa Italien)*, gemütlichkeit, sauerkraut, ostpolitik, schweinehund, wunderkind.*

Ebenso wie im Deutschen werden auch in allen anderen Sprachen Fremdwörter »angepasst« und es entstehen neue Schöpfungen: *apple strudel, beer stube, sitz bath* usw.

Im Französischen taucht *le berufsverbot* auf, *dachshund, cromorne* (Krummhorn)*, doppelgänger, waldsterben.*

Im Russischen kennt man *butterbrot, brandmauer, durchschlag* (Sieb), *fejerwerk* (Feuerwerk), *endschpiel* (Endspiel), *losung* (Parole).

Gefreiter, Stechschritt, Gleichschritt und viele andere militärische Begriffe aus dem Deutschen sind ebenfalls in der russischen Sprache zu finden. Wahrscheinlich weil im 18. Jahrhundert das russische Militär von preußischen Offizieren reformiert wurde.

In Polen kennt man ein *ratusz* (von deutsch: Rathaus), in Rumänien den *chelner* (von deutsch: Kellner). Das sind nur einige Beispiele ausgewanderter deutscher Wörter.

Die Gegenseitigkeit kultureller Befruchtung zeigen besonders eindrücklich die sogenannten »Rückentlehnungen«. Das sind Wörter, die zu einer bestimmten Zeit von einer Sprache in eine andere wandern und nach einer gewissen Zeit von dort wieder zurückkommen. Dabei können sie sowohl Form wie Inhalt verändert haben.

Unser französisches Fremdwort *Boulevard* ist beispielsweise ein solcher deutscher »Rückkehrer«, wie der Sprachforscher Jochen A. Bär erklärt. Ursprünglich als *Bollwerk* bekannt, war es in seiner mittelniederländischen Form *bolwerc* in der Bedeutung von *Festungswerk, Stadtwall* nach Frankreich ausgewandert. Dort wurde es lautlich verändert, hat im Laufe der Zeit seine Bedeutung in »ringförmig verlaufende Prachtstraße« verändert und wurde im 18. Jahrhundert in dieser Bedeutung als *Boulevard* wieder ins Deutsche übernommen.

Auch das deutsche Wort *Bank* wurde bereits sehr früh in der Bedeutung »Sitzmöbel« oder »Ladentisch« in romanische Sprachen entlehnt. Im Italienischen hat es dann als *banco* »Tisch der Geldwechsler« bzw. »Institut für Geldgeschäfte« die eingeschränkte Bedeutung angenommen, in der es im 15. Jahrhundert wieder ins Deutsche zurückkam – und blieb. Die Mehrzahlform des rückentlehnten Wortes *Bank* heißt übrigens *Banken*, diejenige des ursprünglichen Sitzmöbels *Bank* lautet *Bänke*.

Wie Fremdwörter »eingebürgert« werden

Die meisten Fremdwörter bleiben nicht lange fremd, wenn sie in die Alltagssprache aufgenommen wurden. Dann werden sie nämlich ganz rasch der heimischen Sprache angepasst, erklärt Dr. Scherer.

Fremde Wörter im Deutschen werden z. B. nie so ausgesprochen wie in ihrer Ausgangssprache. Eine originalgetreue Aussprache, das haben Untersuchungen gezeigt, ist eine Illusion, selbst dann, wenn die Sprecher die Ausgangssprache beherrschen und sich um eine originalgetreue Aussprache bemühen.

Die Wörter werden also, wie im Deutschen üblich, auf der ersten oder der Stammsilbe betont, Nasallaute werden nicht gesprochen – *Poster, Pension, Balkon* –, *sp* oder *st* ertönt als *schp* oder *sch* – *Spekulant, Station.*

Auch die Schreibweise wird häufig der gewohnten deutschen angepasst: *Problem, Nummer, Frisör, Telefon, Fotografie.*

Die bedeutendste Anpassungsleistung aber steckt in der Grammatik. Viele Veränderungen der Fremdwörter sind sogar zwingend und laufen oft so automatisch ab, dass sie den Sprechern gar nicht weiter auffallen, sagt Dr. Scherer. »Muttersprachler haben ein recht sicheres Gespür für grammatische Eigenschaften von Wörtern wie etwa das grammatische Geschlecht oder die Mehrzahlform.«

Beim Italiener bestellt man, ohne lange nachzudenken, *eine Pizza mit Schinken* und *zwei Pizzen mit Salami* (oder auch: *Pizzas*). Dass es *die Pizza* und nicht *der* oder *das Pizza* heißen muss, ist jedem Sprecher mit deutscher Muttersprache intuitiv klar, genauso wie niemand auf die Idee käme, zwei *Pizzaer* oder drei *Pizzaen* zu bestellen.

Aber warum ist uns das klar?

Jeder Mensch verfügt unbewusst über ein ziemlich gutes Wissen, was in seiner Muttersprache geht und was nicht, erklärt Dr. Scherer. Dazu gehört auch das Wissen, dass man Wörter in einem Satz nicht einfach unverändert aneinanderreihen kann. Substantive wie *Pizza* brauchen ein grammatisches Geschlecht *(eine Pizza)* und eine Mehrzahlform *(Pizzas, Pizzen)*, damit man sie in Sätze einbauen kann.

Solange wir nicht wissen, ob es *der, die* oder *das Tofu* ist, ob *der, die* oder *das Soja*, können wir bestimmte Dinge nicht ausdrücken, weil wir keine vollständigen Sätze bilden können: *»Schmeckt dir ... (der? die? das?) Tofu, ... (den? die? das) ich in den Salat getan habe?«*

Für die Festlegung des grammatischen Geschlechts eines Fremdworts im Deutschen gibt es keine feste Regel. Das Geschlecht kann sich nach unterschiedlichen Kriterien richten:

Bei Wörtern, die Menschen bezeichnen, richten wir uns einfach nach dem natürlichen Geschlecht: Wörter, die Männer bezeichnen, sind männlich *(der Mann, der Vater, der Arzt)*, Wörter, die Frauen bezeichnen, weiblich *(die Frau, die Mutter, die Ärztin)*. Das gilt auch für Fremdwörter: *der Maharadscha, der King* und *die Maharani, die Queen*.

Da nicht alle Wörter Personen bezeichnen, orientieren wir uns auch an der Gestalt von Wörtern: Wörter wie *Wiese, Lampe* und *Blume*, die auf ein schwaches *e* enden, sind weiblich *(die Wiese)* und bilden die Mehrzahl mit *n* (zwei *Wiesen*).

Wörter wie *Liter, Kater* und *Lehrer* mit *er* am Wortende sind männlich *(der Liter)*, und in der Mehrzahl bleiben sie unverändert (*zwei Liter*).

Mit Fremdwörtern halten wir es einfach genauso: *die Attitüde, die Filiale,* aber *der Computer, der Manager* – und in der Mehrzahl *zwei Attitüden, Filialen,* aber *zwei Computer, Manager*.

Das funktioniert sogar so gut, dass das männliche französische Wort *le garage* (le = der) zum weiblichen deutschen Fremdwort *die Garage* wird.

Möglich ist die Zuweisung des grammatischen Geschlechts auch nach einer Entsprechung des Wortes im Deutschen: *die E-Mail* (zu *die Post*). Fremdwörter aus dem Englischen wie *Leasing, Setting, Franchising* entsprechen durch die Endung *-ing* dem deutschen substantivierten Infinitiv und werden deshalb automatisch mit dem sächlichen grammatischen Geschlecht versehen.

Auch Verben werden problemlos in die deutsche Grammatik eingepasst. In der Grundform bilden wir sie mit *-en*: *babysitten, picknicken, uploaden, layouten*. Zusätzlich können sie mit einer deutschen Vorsilbe versehen werden: *becircen* (oder: *bezirzen*), *vermaledeien*.

Die Beugung mit dem Personalpronomen ist im Deutschen bei Verben zwingend. Alle aus dem Englischen entlehnten Verben werden regelmäßig konjugiert – es heißt *ich layoute, du layoutest, sie layoutet, wir layouten. Ich surfe, ich surfte, ich bin/habe im Internet gesurft.*

Bei manchen Fremdverben besteht allerdings auch die Unsicherheit, wie sie gebeugt werden sollen, und teilweise existieren sogar mehrere Formen.

Heißt es *ich habe geupdatet?* Oder doch besser *ich habe upgedatet?* Wir *sourcen out* oder wir *outsourcen*, du kannst das *downloaden*, aber *wir loaden down?*

Was den einzelnen Sprecher bei der Verwendung von Fremdverben wie *updaten* oder *outsourcen* grübeln lässt, kennen wir aber auch von einheimischen Verben wie *staubsaugen*.

Heißt es *ich habe staubgesaugt* oder *ich habe gestaubsaugt?* Bei *updaten, outsourcen* und *staubsaugen* müssen wir uns also für eine Form entscheiden, und meist tun wir das auch. Der Duden empfiehlt bereits eine einzige Form als die richtige, Sprachwissenschaftler beobachten aber, dass sich die Sprecher häufig noch nicht einig sind. Es ist also offen, welche Formen sich im Deutschen langfristig durchsetzen werden. Der einzelne Sprecher hat dieses Problem ohnehin nicht, wie

Dr. Scherer erklärt. Er entscheidet sich beim Sprechen intuitiv für die eine oder andere Form.

Denn ohne Entscheidung für eine grammatische Form könnten wir die Wörter nicht verwenden – und Wörter, die man nicht in Sätze einbauen kann, braucht und gebraucht niemand.

»Ein Wort zu entlehnen, das Sprecher nicht in einem Satz verwenden können, ist sinnlos«, so Dr. Scherer.

Je länger und je häufiger ein Fremdwort in der Alltagssprache benutzt wird, umso selbstverständlicher wird es grammatisch in die Nehmersprache integriert – und in dieser Form manchmal von Sprechern der Ursprungssprache gar nicht mehr verstanden.

Wozu Fremdwörter nützlich sind

Fremdwörter sind ein bedeutender Anteil des deutschen Wortschatzes, auf den wir nicht verzichten können. Wie viele es genau sind, lässt sich nur schätzen. Nimmt man an, dass die deutsche Sprache über 300 000 bis 500 000 Wörter verfügt, dürfte der Fremdwortanteil ca. 100 000 betragen. Bereits der Grundwortschatz von 2 800 Wörtern beinhaltet nach dieser Schätzung rund sechs Prozent Fremdwörter. Die meisten davon sind Substantive, gefolgt von Adjektiven, Verben und anderen Wortarten.

Sicher ist: Fremdwörter bedrohen die eigene Sprache nicht, sondern sind vielmehr eine Bereicherung oder bestehen in friedlicher Koexistenz mit heimischen Wörtern gleicher oder ähnlicher Bedeutung.

Fremdwörter können die Kommunikation klarer, einfacher oder straffer gestalten, wenn bestimmte Inhalte – häufig fachlicher Natur – nur schwer oder sehr umständlich deutsch ausgedrückt werden können.

In der Alltagssprache spielt dies allerdings eine geringere Rolle. Trotzdem sind sie auch dort immer wieder nützlich. So können Fremdwörter helfen, bestimmte Nuancierungen einer Bedeutung auszudrücken: Ein *Portemonnaie* ist nicht genau dasselbe wie ein *Geldbeutel;* wer *Courage* sagt, meint nicht exakt dasselbe, als wenn er von *Mut* spricht.

Vermutlich hat jeder sofort eine klare Vorstellung, wenn er etwas von einem *Cowboy* oder *Turban* hört.

Wer zu einem *Event* geht, erwartet eindeutig etwas Edles, Schickes, Feines, während eine *Veranstaltung* eher zu den bodenständigen, robusten oder rustikalen Momenten zählt.

Oft klingt ein Fremdwort eleganter, pointierter, neutraler oder einfach treffender: *Alternative – Ausweichmöglichkeit; Job – Arbeit; kredenzen – einschenken; Attacke* (z. B. *Schmerzattacke) – Angriff.*

Manches lässt sich mit einem Fremdwort leichter aussprechen: *Epilepsie* statt *Fallsucht; Psychiatrie* statt *Irrenhaus; Handicap* statt *Körperbehinderung.*

Fremdwörter können Aufmerksamkeit auf sich ziehen, was sich vor allem in der Werbesprache zeigt – heute vorwiegend mit Anglizismen, früher mit Fremdwörtern aus dem Französischen, sogenannten Gallizismen, die im 17./18. Jahrhundert von manchen Menschen ebenso angegriffen und verteufelt wurden wie heutzutage die Anglizismen.

Durch Fremdwörter lässt sich die eigene Bildung dokumentieren oder auch ein Lebensgefühl zeigen.

Schließlich gibt es auch sprachliche Bereiche, die sich nur mit Fremdwörtern beschreiben lassen – mit Fachausdrücken nämlich.

Niemand muss Fremdwörter verwenden, wenn er spricht oder schreibt. Niemand sollte aber auf sie verzichten müssen, wenn er sich ihrer bedienen will. Schließlich kommt es bei einem Wort mehr darauf an, was man damit ausdrücken möchte, als darauf, wo es herkommt. Um sich verständlich zu machen, sollte man allerdings die richtigen Fremdwörter kennen. Damit aus der *Infusion* keine *Invasion* wird.

Literatur zum Weiterlesen

Best, Karl-Heinz (2001): Wo kommen die deutschen Fremdwörter her. In: *Göttinger Beiträge zur Sprachwissenschaft* 5, 7–20.

Das Fremdwörterbuch. Duden 5 (2006). Mannheim: Duden

Limbach, Jutta (Hg.) (2007): *Ausgewanderte Wörter.* Ismaning: Hueber

Weitere Literatur

Bär, Jochen A. (2001): Fremdwortprobleme. Sprachsystematische und historische Aspekte. In: *Der Sprachdienst* 4, 121–133 und *Der Sprachdienst* 5, 169–182.

Das Herkunftswörterbuch. Etymologie der deutschen Sprache. Duden 7 (2006). Mannheim: Duden

Glahn, Richard (2002): *Der Einfluss des Englischen auf gesprochene deutsche Gegenwartssprache.* Frankfurt/Main: Peter Lang.

Das große Fremdwörterbuch. Herkunft und Bedeutung der Fremdwörter (2007). Mannheim: Duden.

Richtiges und gutes Deutsch. Wörterbuch der sprachlichen Zweifelsfälle. Duden 9 (2007). Mannheim: Duden.

Scherer, Carmen (2005): *Wortbildungswandel und Produktivität.* Tübingen: Niemeyer.

Zifonun, Gisela (2002): Überfremdung des Deutschen: Panikmache oder echte Gefahr? In: *Sprachreport* 3, 2–9.

Himmelherrgottsakranochamal!
Was Fluchen mit Nationalität zu tun hat

Es sollte die Krönung seiner Karriere werden: Im Finale der Fußball-weltmeisterschaft Frankreich gegen Italien im Juli 2006 in Berlin spielte Frankreichs Superstar Zinédine Zidane sein letztes Spiel, danach wollte er für immer aufhören. Doch zehn Minuten vor Ende der Verlängerung lässt sich Zidane vor den Augen von Millionen Zuschauern in aller Welt zu einer unglaublich aggressiven Geste hinreißen: Er rammt seinem Gegner Marco Materazzi den Kopf so heftig gegen den Brustkorb, dass der Italiener zu Boden geht.

Rote Karte für Zidane, Rätselraten rund um den Globus. Was hatte Materazzi Zidane zugerufen, das den französischen Fußballhelden derart in Rage bringen konnte? Nach dem Spiel wollten die beiden Kontrahenten den anstürmenden Journalisten dazu nichts, aber auch gar nichts sagen...

Also wurden internationale Lippenleser von Rang beauftragt herauszufinden, welche Art von Dialog dem Angriff voranging. Geführt wurde die Verbalattacke auf Italienisch, da Materazzi nichts anderes kann, Zidane aber fließend Italienisch spricht, denn er hat mehrere Jahre bei Juventus Turin gespielt.

(Materazzi läuft neben Zidane und zerrt an dessen Trikot.)
Zidane: »Wenn du es haben willst, schenke ich es dir nachher.«
Materazzi: »Lass mich, du Schwuchtel. Du mit deiner Nuttenschwester. Scheiße.«
(Zidane dreht sich um.)
Materazzi: »Deine Schwester, diese Nutte.«
(Zidane geht auf Materazzi zu.)

Materazzi: »Ich spalte dir den Arsch.«
(Zwei Sekunden später rammt Zidane seinen Kopf gegen Materazzis Brustkorb.)

Prof. Damaris Nübling, historische Linguistin am Deutschen Institut der Johannes Gutenberg-Universität Mainz, sagt zu dieser Szene: »Hier haben Millionen Menschen unmittelbar die Macht der Wörter miterleben können, die einen gestandenen Mann in Sekundenschnelle zum Ausrasten brachten. Und wenn Materazzi wirklich alles das sagte, was hinterher durch die Presse ging, dann hat er alle Register des Fluchens und Schimpfens gezogen: jede Menge geradezu klassischer Schimpfwörter, jede Menge Beleidigungspotenzial. Das ganze Spektrum ist vertreten.«

In späteren Interviews bestätigte Zidane die Aussagen der Sprachwissenschaftlerin – ohne von deren Forschungsergebnissen je gehört zu haben. Er sagte: »Taten sind weniger schlimm als Worte. Es war schlimmer, als wenn man mir die Faust ins Gesicht geschlagen hätte«.

Die verbale Aggression ist Balsam für die Seele des Schimpfenden

Zweifellos wäre die Welt viel netter, wenn alle Menschen freundlich und rücksichtsvoll miteinander umgingen. Leider ist das eine Utopie. Vermutlich schimpft und flucht der Homo sapiens, seit er der Sprache mächtig ist. Die ersten überlieferten Flüche schrieben ägyptische Priester an die Wände der Pharaonengräber, um sie vor Räubern zu schützen. (Auch das war übrigens eine Utopie: Der Fluch hat Langfinger nicht abgehalten, wie wir wissen.)

Fluchen und Schimpfen sind offensichtlich ein menschlicher Urtrieb. Beim **Schimpfen** soll der Gegner eingeschüchtert, erniedrigt, mutlos und mundtot gemacht, missgünstige Mächte sollen gebannt werden. Beim ursprünglichen **Fluchen** wurden Gotteslästerungen ausgestoßen, und beim **Verfluchen** hat man seinem Gegenüber Unheil, Krankheit, Verderben durch die Anrufung höherer Mächte an den Hals gewünscht. Heute wird Fluchen und Schimpfen fast gleichbedeutend verwendet. Doch es gibt durchaus noch Menschen, für die Flüche religiöse Bedeutung haben.

Vor allem aber ist die verbale Aggression Balsam für die Seele – für die Seele des Schimpfenden, versteht sich, denn Kraftausdrücke können wunderbare Ventilfunktion haben. Was tun, wenn man sich den Finger geklemmt hat? »Scheiße, verdammte!« rufen ist die natürliche Reaktion, die über die ersten Augenblicke der größten Qual hinweghilft. Ein herzhaftes »Hol ihn der Teufel!« nach einem Streit mit dem Chef verleiht dem Zorn sofort adäquaten Ausdruck. So trägt der regulierende Effekt des Schimpfens und Fluchens erheblich zur Wiederherstellung des seelischen Gleichgewichts bei. Und noch einen positiven Effekt hat das Schimpfen: Auch körperlich Schwache können es. Sie haben damit eine Möglichkeit, ihre physische Unterlegenheit auszugleichen. Manche Aggressionsforscher meinen sogar, Schimpfkanonaden hätten etwas Beschwichtigendes, denn sie würden Choleriker davor bewahren, zuzuschlagen. Andere sagen, gerade durch das Schimpfen steigerten sich Menschen so in ihren Zorn, dass sie ihren Gegner schließlich auch körperlich attackieren ...

Schon Dreijährige sagen gern und herzhaft »sseisse«

Ob Dialekt, Landessprache oder sogar Gebärdensprache – Menschen schimpfen immer und überall. Hierbei macht es keinen Unterschied, welches Alter die Schimpfenden und Fluchenden haben. Dreijährige freuen sich wie Schneekönige, wenn sie Mama und Papa mit einem kräftigen »Sseisse« schockieren können. Schulkinder wetteifern hinter dem Rücken des Lehrers, wer sich die unflätigsten Schimpfwörter zu sagen traut.

Fit im Gebrauch von Kraftausdrücken wird man übrigens durch das sogenannte Beobachtungslernen. Wer von Kindesbeinen an viel Schimpfen und Fluchen hört, dem geht Unflat geschmeidiger über die Lippen als Heranwachsenden, denen schlimme Wörter verboten sind. Sie behalten meist ihr Leben lang Scheu vor Schimpfwörtern und reagieren auf verbale Attacken verletzt bis empört. Viele junge Männer aus kultiviertem Elternhaus werden erst im Militärdienst so richtig mit Schimpfkanonaden und Fluchausbrüchen konfrontiert – (k)eine Schule fürs Leben!

Jugendliche setzen gern und effektiv neue Schimpfwörtertrends, wobei sie viel Kreativität aufwenden. So verhalfen sie vor einiger Zeit z. B. dem *Weichei*, dem *Warmduscher* oder dem *Frauenversteher* zu beachtlicher Popularität.

Menschen zwischen 30 und 40 haben die meisten Beleidigungsklagen am Hals. Und auch in den Altenheimen, gern beschönigend »Seniorenresidenzen« genannt, ist noch nicht Schluss mit Tabubrüchen in Form von Kraftausdrücken aller Art. Da erinnern sich viele *Gruftis* nicht mehr an das, was es zum Mittagessen gab, aber Schimpfwörter bleiben ihnen präsent. Stereotyp gebrauchte Flüche und Schimpfwörter sind meist das Letzte, was Aphasiker, also Menschen, deren Sprechvermögen stark eingeschränkt ist, verlieren, stellte Franz Kiener (1910–1996), emeritierter Professor für Psychologie, fest. Auch bei der Entstehung der Sprache, so wird gemutmaßt, stand das aggressive Sprechen, zumindest der emotionale Ausruf, am Anfang.

Übrigens, Frauen, auch die aus der sogenannten Oberschicht, holen beim Fluchen und Schimpfen auf. Früher sagte kein weibliches Wesen, das etwas auf sich hielt, *Scheiße* oder *Arschloch*. Heute hört man das durchaus. Doch um wegen Beleidigung vor Gericht zitiert zu werden, fluchen Frauen wohl doch noch nicht kräftig und öffentlich genug: Von 3 293 wegen Beleidigung verurteilten Menschen waren »nur« 364 weiblich *(Statistik Baden-Württemberg 2004)*.

Der Unterschied zwischen Schimpfen und Fluchen wird immer kleiner

»Hol Dich der Teufel, du Sau!«. »Verdammt, was ist das hier für eine Scheiße!« Schimpf- und Fluchwörter sind oft derart vermengt, dass schwer zu bestimmen ist, um welche der beiden Formen verbaler Aggression es sich handelt. Der wichtigste Unterschied liegt in der Her-

kunft: Das Fluchen hat seinen Ursprung eindeutig im religiösen Bereich. In der Bibel, besonders im Alten Testament, ist oft von einem Fluch die Rede. Eine Fluchabwehrmaßnahme blieb uns bis heute erhalten: Katholische Gläubige bekreuzigen sich – auch um Übel von sich abzuwenden.

Beides, schimpfen wie fluchen, kann man allgemein – über Gott und die Welt. **Be**schimpfen und **ver**fluchen aber wird man immer eine bestimmte Person, eine Situation, einen speziellen Sachverhalt.

Schimpfwörter haben viele Quellen

Der Wortschatz fürs Schimpfen speist sich aus fast allen Bereichen des täglichen Lebens. Es sind Wörter, die

> **sexuell** obszön sind, sexuelle Handlungen beschreiben oder sich auf Genitalien beziehen: Schlappschwanz, Fotze, Wichser,

> aus dem **Fäkalbereich** stammen: Scheiße, Arsch, Mist. »Skatologisch« ist der linguistische Fachbegriff, der in diesem Zusammenhang so viel wie schmutzig bedeutet, genau genommen Kot bezeichnet,

> **Tiere** bezeichnen. Damit wird dem Gegner das Menschsein abgesprochen: Schwein, Kamel, Hund, Esel, Ziege, Schlange,

> geistige und körperliche **Gebrechen** zitieren: Krüppel, Idiot, Depp, Verrückter, moderner: Behinderter, Spasti, Opfer,

> sich auf die **Weltanschauung** beziehen: Schwarzer, Linker, Roter, Kapitalist, Kommunist und – ganz schlimm, wenn richtig abfällig aus Männermund: Emanze!,

> **Nation, Stamm oder Herkunft** des Gegners aufs Korn nehmen (politisch besonders unkorrekt!): Nigger, Hottentotte, Kanake, Kümmeltürke, Schlawiner (eigentlich: Slowene), Zigeuner, Spaghettifresser. Gern auch mit »Sau-« vorneweg: Saupreiß, Saubayer, Sauberliner. Oder auf uneheliche Herkunft anspielend: Bastard, Wechselbalg,

> von **Körperteilen** abgeleitet sind: Schwachkopf, Gierschlund, Großmaul, Schlitzohr, Hasenfuß, Wirrkopf, Geizhals, Dickschädel, Rotznase,

> sich von **Gebrauchsgegenständen** ableiten: Kratzbürste, Beißzange, Stinkstiefel,

> sich auf **Tätigkeiten** beziehen: Wucherer, Lügner, Nörgler, Schürzenjäger, Halsabschneider,

> **Eigenschaften** aufs Korn nehmen: Feigling, Grobian, Langweiler, Angeber, Sonderling, Streber, Vielfraß,

> **Berufsbezeichnungen** verächtlich machen: Bauer, Schinder, Henker, Kesselflicker, Seelenklempner,

> an **Namen** gekoppelt sind: Hanswurst, Kraftmeier.

Auch die vielfältigen Anwendungsmöglichkeiten der Sprache helfen beim Bilden von herabsetzenden Begriffen. Das geht z. B. über

> **Verdoppelungen**: Blabla, papperlapapp, Pipifax, Wischiwaschi, Kuddelmuddel, Techtelmechtel, Schnickschnack,

> **Verkleinerungsform**: Bürschchen, Männchen, Püppchen, Würstchen.

Nicht nur für Individuen, auch für Gruppen gibt es beleidigende Bezeichnungen: *Horde, Haufen, Bande, Gesindel, Brut, Rasselbande, Klüngel, Bagage, Mob.*

Im Internet kann man sich über Neuzugänge auf dem Laufenden halten

Die Liste oben erhebt keinen Anspruch auf Vollständigkeit. Menschen sind kreativ, vor allem dann, wenn es darum geht, jemand anderen herabzuwürdigen. Neue Schimpfwörter kommen ständig dazu. Im

Internet kann man sich über Neuzugänge auf dem Laufenden halten. Die meisten »neuen« erhalten ihren Charme durch Zusammensetzungen. Da machen zum Beispiel neben den schon älteren *Weichei, Warmduscher, Abspanngucker* gerade weitere Ausdrücke für ängstliche, übereifrige oder total angepasste Versager die Runde: *Ampelgelbbremser, Harmoniebedürftiger, Intellektuellenimitator, Lateinkönner, Lebensplaner, Möchtegernschürzenjäger, Moorhuhndanebenschießer, Seerosengießer, Sicherheitskopienhersteller* und *Stammtischphilosoph.*

Gerade im Büroalltag blühen immer neue hämische Bezeichnungen für Vorgesetzte und Kolleg(inn)en, besonders im Bezug auf PC-Arbeitsplätze. Nachzulesen im »Kleinen Schimpfwort-ABC« im Internet sind z. B.

Chefzäpfchen (euphemistisch für einen A … kriecher)

Dauerbrenner (benutzt seinen Firmen-PC fast ausschließlich für das illegale Brennen von Musik- und Software-CDs)

Intelligenzallergiker (inkompetenter Mitarbeiter)

Meetingmimose (Kollege, der sofort einknickt, wenn er im Meeting kritisiert wird)

omnipotente Zelle (Jungmanager, frisch von der Uni, weiß nix, kann nix, hat aber angeblich jede Menge Potenzial)

Bildschirmschoner (benutzt seinen PC nur selten, weil er nach eigener Aussage »einfach nicht mit dem Ding klarkommt«)

Primärduftwolke (Kollegin, die nur durch ihr Parfüm auffällt)

Windowsversteher (für »Sysads« [Systemadministrator] oder ähnliche Nerds [Computer-Fachidiot], die außer Computer eben nix können)

Wurmschleuder (Mitarbeiter, der ausnahmslos aus Neugier alle E-Mail-Anhänge öffnet)

Das Fluchen hat seinen Ursprung im Schwören

Beim Schimpfen kann man sich aus all diesen schier unerschöpflichen Quellen bedienen. Beim Fluchen und beim **Ver**fluchen aber steht – korrekt und klassisch – eigentlich nur der religiöse Bereich zur Verfügung. Das Alte Testament verzeichnet viele und sehr bildhafte Flüche zum Schaden und Untergang eines Feindes. Das Fluchen hat seinen Ursprung aber auch im Schwören: bei Gott, allen Heiligen, der ehrwürdigen Kirche und ihren Institutionen. Im Englischen ist das noch offensichtlich: *to swear* heißt sowohl »schwören« wie auch in *to swear at* »jemanden schlimm beschimpfen«.

So richtig kreativ und bildreich fluchen zu können scheint Glaubenssache zu sein. Der protestantische Norden Deutschlands und Europas flucht weniger fantasiereich als der katholische Süden!

Allerdings haben die Flüche bei den protestantischen Skandinaviern noch den stärksten Gehalt. Im Schwedischen gibt es gleich drei Fluchwörter für den Teufel, die so schlimm sind, dass man sie manchmal sogar nur mit Pünktchen andeutet: *f…n* steht für *fan,* eigentlich »Teufel«, in der Bedeutung von deutsch »Scheiße«, was bei uns ja auch manchmal als *Sch…* abgekürzt wird. Und so wie man bei uns vor fast jedes Wort *Scheiß-* stellen kann, kann man im Schwedischen hinter viele Wörter den Teufel *(-jävel)* stellen: Was im Deutschen der *Scheiß-hammer* ist, der einem auf den Daumen fällt, ist im Schwedischen der *Hammerteufel (hammarjäveln).*

Auch das Fluchen dient zum Abreagieren. Geflucht wird zum Beispiel aus Enttäuschung darüber, dass ein allmächtiger Gott in bestimmten Situationen helfen könnte, es aber nicht tut. Geflucht wird, um den Gegner zu vernichten oder ihn zumindest zu erniedrigen. Fluchen beweist wie das Schimpfen Zorn und Aggressionsbereitschaft, wobei der Tabubruch (2. Gebot: »Du sollst den Namen des Herrn, deines Gottes, nicht unnützlich führen«) hier besonders heftig ist und daher noch befreiender wirkt als Kraftausdrücke der Fäkalsprache. Fluchen bringt – effektiver noch als Schimpfen – Katharsis, also Reinigung!

Ein besonderes Phänomen ist die Selbstverfluchung: *Gott verdamm mich* oder *Der Teufel soll mich holen.* Solche Ausfälle sind Relikte aus der Zeit, als man seine Versprechen glaubhaft bekräftigen wollte: *Gott verdamme mich, wenn ich nicht dies oder jenes tue.* Man schwor übrigens bei Gott, einem Heiligen oder bei einem mit sakral-magischer

Kraft erfüllten Gegenstand, man schwor auch *Stein und Bein*, nämlich beim Altarstein und seinen Reliquien.

Geflucht wird über den religiösen Bereich hinaus auch mit obszönen und sexuellen Ausdrücken: *Kruzifick,* doch der deutsche Fluchwortschatz ist klein. Er beschränkt sich auf kaum mehr als ein Dutzend Wörter: *Sakrament, Kruzifix, Kreuz, Himmel, Herrgott, Jesus, Maria, Blut, Teufel* – einzeln, aber auch in vielfältigen Kombinationen. Dazu kommen noch *Donnerwetter, Donnerkeil*, Fluchformeln aus heidnischer Zeit.

Eindrucksvolle Fluchwortketten haben sich gebildet: *Himmelherrgottsakrament, Kruzifixkreuzsakrament*. Interessant ist, dass sich aus der Beteuerungsformel *beim Sakrament* der Fluch- und Verwünschungsausruf *Sakrament* entwickelte. Im süddeutschen Raum steht *sacramenten* übrigens für »fluchen«.

Durch Euphemismen werden Flüche entschärft

Manchmal scheinen Fluchende Angst vor der eigenen Courage gehabt zu haben und so milderten sie ihre Flüche. Statt *Sakrament* sagten sie *Sapprament* oder *Sapperment*. Klingt ähnlich, verringert den Affektstau, ist aber eine leichtere Sünde und löst bei Gott vielleicht weniger Unmut aus. Damaris Nübling erklärt: »Linguisten sprechen hier von Verballhornungen, also leichten Entstellungen, die das Wort nur andeuten, aber nicht richtig aussprechen.« Dazu gehört *verflixt* (statt *verflucht*). Das Wort *Gottes* ist aus Scheu vor Missbrauch des heiligen Namens zu *Potz* entstellt worden: *Potz Blitz* aus *Gottes Blitz (soll dich treffen),* weiter *Potztausend, Potzwetter*. Unter Euphemismen versteht man dagegen die beschönigende oder verfremdende Veränderung eines tabuisierten Wortes. So wie man gern vom *Entschlafen* statt vom *Sterben* spricht, so sagt man *Herrschaft* statt *Herrgott* oder ruft den *heiligen Bimbam* an.

Auch bei den Kraftausdrücken gibt es jede Menge Verballhornungen und Euphemismen: *verflixt, leck mich am Ärmel, Scheibenkleister, bescheiden, Armleuchter* gehören dazu. In anderen Sprachen funktioniert das ebenfalls. So wurde im Französischen aus *par Dieu* (bei Gott) *par bleu,* was deshalb mit Blau gar nichts zu tun hat …

Natürlich haben die Linguisten untersucht, nach welchen Regeln die unverfänglicheren Ersatzwörter gebildet werden. Es kommt dabei entweder auf die Bedeutungsähnlichkeit *(Hols der Geier!* statt *Hols der Teufel!)* oder auf die Lautähnlichkeit *(Armloch* statt *Arschloch)* an. Und darauf, ob den Fluchwörtern Kommunikations- oder Expressivfunktion zukommt. Das heißt, jemand, zu dessen Alltagssprache das Fluchen gehört, nimmt eher ein Ersatzwort. Wer jedoch richtig aufgebracht ist und seinem Zorn Ausdruck verleihen will, lehnt die entschärften Begriffe ab und schimpft und flucht im Original!

Die Deutschen sind eher fantasielos im Schimpfen und Fluchen

Europäer benützen nicht dieselben Wörter, um jemanden niederzumachen, und sie rütteln auch nicht an denselben Tabus. Während in den meisten anderen Kulturen sexuelle Ausdrücke die Liste der schlimmsten Schimpfwörter anführen, stammt der Wortschatz der Deutschen hauptsächlich aus der Fäkalsprache. *Scheiße, Mist* und *Arsch* sind die am häufigsten gebrauchten Kraftausdrücke; gern auch in Zusammensetzungen wie *Klugscheißer, Scheißuniversität, Mistkerl* oder *Lahmarsch*. In entschärfter Bedeutung wechselt *Scheiße* vom Femininum zum Maskulinum: *der Scheiß. Mach keinen Scheiß.* Beide Begriffe taugen zum negativ verstärkenden Wortbildungselement – *scheiß* wie in *scheißegal, scheißfreundlich* – oder als besonders abwertendes Eigenschaftswort wie in »Das Wetter war ziemlich *scheiße*«. Besonderes Kennzeichen dabei: Das Adjektiv ist undeklinierbar.

Professor Nübling ist der Auffassung, Schimpfwörter spiegeln die Tabubereiche einer Gesellschaft wider, besonders die gerade einbrechenden Tabubereiche, denn die sorgen am meisten für den Zuwachs an entsprechenden Kraftausdrücken. Warum werden dann bei uns ausgerechnet die sogenannten skatologischen Schimpfwörter so häufig angewandt? Psycholinguisten meinen, die Fäkal- und Analsprache könnte eine Rebellion gegen die deutsche Reinlichkeitserziehung sein.

Aber auch in anderen Sprachen sind Fäkalausdrücke im Schimpfvokabular sehr verbreitet. Wörter, die sich auf Körpersekrete *(Rotzlöffel)* oder tabuisierte Körperteile beziehen, besitzen das Höchstmaß an Internationalität!

In den **skandinavischen Ländern** flucht und schimpft man ähnlich wie bei uns. Sexuelle Flüche sind eher selten. Dafür gibt es, wie schon erwähnt, besonders viele Schimpfwörter aus dem religiösen Bereich. Teufel und Hölle werden am häufigsten benutzt.

In **Großbritannien** kommt zu *arse* und *shit* noch eine Reihe sexueller Schimpfwörter wie *fuck* (ficken), *cunt* (Fotze), *cock* (Schwanz) hinzu. Am häufigsten aber wird *bloody* benutzt. Mit »blutig« hat das nichts zu tun. Aber woher es kommt, weiß kein Sprachforscher so ganz schlüssig zu erklären. Eine der vielen Theorien besagt, *bloody* sei eine Zusammenziehung von *by our lady*, im Ursprung also ein sakraler Fluch.

Niederländer schöpfen gleich aus vier Quellen. Neben sexuellen, skatologischen und religiösen Flüchen werfen sie sich auch Krankheiten an den Kopf: *krijg de polio aan je jodokio* (krieg die Polio an den Penis). Der religiöse Bereich ist tabuisierter als im Deutschen, angeführt wird er von *godverdomme*.

Franzosen wenden häufig *merde* (Scheiße) an, vermischen skatologische Ausdrücke aber auch mit obszönen Redewendungen, die sie weniger im Zorn sagen als zum Kundgeben von Überraschung oder Bewunderung. Manchmal entwickeln sich einstige Flüche durchaus zu bloßen Ausrufen (Interjektionen) von Überraschung und Beeindruckung: *Mon Dieu!* Das kennen wir auch im Deutschen. So kommt *jemine* von *Herr Jesus domine*.

Spanier fluchen hauptsächlich sakral! Es gibt viele Variationen von *me cago en dios* (ich scheiße auf Gott). **Italiener** lieben die große Geste beim Schimpfen und Fluchen, dabei wenden sie vor allem gotteslästerliche Flüche an. Aber sie sind auch sexuell gut sortiert. Vieles heißt bei ihnen *cazzo* (Schwanz). – Das Standardschimpfwort der **Griechen** ist *gammóto*, die Androhung gewaltsamen Beischlafs – mit realen oder virtuellen Personen, Familienmitgliedern, Heiligen oder beliebigen Objekten.

Russen kennen derbe Flüche und kräftige Verwünschungen, aber kaum gotteslästerliche. Die meisten Schimpfwörter sind sexueller Natur. Bei anderen macht die Intonation den Unterschied zwischen Lob und Beschimpfung, ähnlich wie in Bayern, wo die Bemerkung: *a Hund bist scho* – mit Betonung auf *scho* – als Kompliment gemeint sein kann, mit Betonung auf Hund aber eine Beleidigung ist.

Amerikaner fluchen am häufigsten mit Bezeichnungen für Geschlechtsteile und Körperausscheidungen. *Shit, fuck* und *asshole* mussten regelmäßig in amerikanischen TV-Sendungen ausgepiept werden, sonst drohten enorm hohe Bußgelder. Erst Mitte 2007 nahm ein New Yorker Gericht die entsprechende Verfügung zurück. Pikanter Anlass: Präsident Bush hatte 2006 beim G-8-Gipfel in St. Petersburg vor laufender Kamera das Wort *shit* gebraucht. Die Richter argumentierten, wenn der erste Mann im Staate das tue, könne es der Allgemeinheit nicht unter Strafe verboten werden.

Shit hat also einiges von seiner Brisanz verloren. Und *fuck* wird oft nicht mehr in sexuellem Sinne gebraucht. So heißt zum Beispiel *Sorry, I fucked up your computer* nichts anderes, als dass jemand den Computer kaputt gemacht hat. Und *It's not your fucking business* bedeutet schlicht, dass jemanden etwas nichts angeht. Prinzipiell kann *fuck* als Substantiv, Verb, Adverb, Adjektiv und durchaus auch in anderen Wortarten verwendet werden.

Muslime kennen gotteslästerliche obszöne Schmähungen nicht. Sie überschreiten nie die Tabugrenze des Sakralen, sind aber jederzeit bereit, den Gegner zu beschimpfen, indem sie Allah um Beistand bitten: *Allah möge dich verderben.* Allah wird nie, auch in der größten Krise nicht, verflucht – und auch nicht der Prophet. Vielleicht ist das eine Erklärung dafür, dass viele Moslems so extrem erzürnt auf entsprechende Witze und Verballhornungen reagieren.

Am kreativsten fluchen die **Juden** und zwar eindeutig die Ostjuden. Das behauptet einer, der es wissen muss: Reinhold Aman, ein Bayer, der seit Jahrzehnten in den USA lebt, von dort aus Flüche und Schimpfwörter aus aller Welt sammelt und sie in seinem Magazin Maledicta veröffentlicht. Seine Erklärung: Die Juden wurden rund 2000 Jahre verfolgt. Im Gegensatz zu den heutigen Israelis hatten sie keine Waffen. Sie schossen dennoch zurück – mit Wörtern. Laut Aman wenden Juden eine ganz individuelle Methode an, um jemanden zu beschimpfen. Anfangs öffnen sie dem Gegner das Herz mit einem Lob, danach hauen sie dann voll rein. Zwei schöne Beispiele: *Du sollst drei Schiffsladungen von Gold erben – und es soll nicht reichen, um deine Arztrechnungen zu bezahlen.* Oder: *Du sollst berühmt werden – man soll eine Krankheit nach dir benennen.*

Weil Flüche und Schimpfwörter so stark kulturell geprägt sind, machen sie Übersetzern manches Mal Kopfzerbrechen. *Son of a bitch* in einem modernen Roman wörtlich mit *Sohn einer Hündin* zu übersetzen, triffts nicht. *Schweinehund* entspräche dem viel eher im Deutschen. Aber auch bei eher harmlosen Unterhaltungen kann man tief ins Fettnäpfchen treten. So wird von einer deutschen Dame erzählt, sie habe den sehr herzlichen Begrüßungskuss eines französischen Herrn mit dem humorvoll gemeinten Satz: *Vous baisez toutes les femmes ici?* kommentiert, was bei den Umstehenden alle Gesichtszüge entgleisen ließ. Die Deutsche hatte scherzen wollen: *Sie küssen hier wohl alle Frauen?* Was sie nicht wusste: *baiser* heißt nicht mehr nur »küssen«, sondern vor allem »ficken«. Peinliche Situation.

Eine Sache für sich: die »motherfucker«-Kultur

Nennt man einen Deutschen oder Skandinavier *Hurensohn* oder sagt ihm Sachen wie *Ich ficke deine Mutter*, wird ihn das vermutlich weniger aus der Ruhe bringen als ein ernst gemeintes *Du Arschloch* oder *elender Wichser.*

Russen, Slawen, Mittelmeervölker und Orientalen reagieren da ganz anders. Für sie sind die schlimmsten Beleidigungen solche, die die Ehre von Mutter, Schwester, Tochter, Ehefrau in den Dreck ziehen. Oft reicht schon ein bedeutungsvolles *deine Mama* oder nur *Mama*, um dem so Angesprochenen die Zornesader schwellen zu lassen. In Hindi einen Mann *sala* (Schwager) zu nennen, ohne mit ihm tatsächlich verschwägert zu sein, ist eine üble Beschimpfung, denn es bedeutet: *Ich habe mit deiner Schwester geschlafen. Du hast eine Hure zur Schwester.* Bei allen diesen Äußerungen geht es um die Familienehre und die ist heilig. Der Sinn der verbal angedrohten Unzucht oder der Unterstellung des Inzests ist die größte Entwürdigung des Gegners. Wie schnell und heftig der darauf reagieren kann, zeigt das Beispiel von Zidane.

Zurückschimpfen oder klein beigeben?
Das ist Charaktersache

Bleibt die Frage: Wie verhält sich der Beschimpfte? Das ist Temperamentssache und hängt unter anderem davon ab, ob er sich schuldig fühlt – oder stark und im Recht, ob er eine Eskalation vermeiden will, wie dick sein Fell ist, wie groß seine Wut. Schimpft er zurück, dann sollte ihm ein punktgenauer, reicher Wortschatz zur Verfügung stehen. Wirkungsvoll ist auch die Kombination von zur Schau getragener Gelassenheit, Etikette und Kraftausdruck. Joschka Fischer gab dafür ein vorzügliches Beispiel, als er im Oktober 1984 vom amtierenden Bundestagspräsidenten Stücklen aufgrund »ungebührlichen Benehmens« von der Sitzung ausgeschlossen wurde. Da erklärte unser späterer Exaußenminister im Hinausgehen »Mit Verlaub, Herr Präsident, Sie sind ein Arschloch.« Er wurde dafür zwei Sitzungstage lang ausgeschlossen. Aber das war es ihm wohl wert …

Schimpfen und Fluchen in der Öffentlichkeit

1551 verabschiedete das schottische Parlament ein Gesetz, das gottlose Reden unter Strafe stellte.

1916 geschrieben, erst **1928** erschienen, wurde der Roman »Lady Chatterley's Lover« von D. H. Lawrence sofort verboten und erst 1960 in England nach einer Schwurgerichtsverhandlung freigegeben, obwohl der Staatsanwalt nachwies, dass allein das Wort *fuck* (ficken) 30-mal vorkommt und das Wort *cunt* (Möse) 14-mal.

1917 gründete sich in den Niederlanden der »Bond tegen de Vlueken« (Bund gegen das Fluchen). Er hat heute 33 000 Mitglieder.

1978 ging eine Meldung durch die Presse, wonach alle, die in Moskaus Straßen fluchen oder obszöne Ausdrücke gebrauchen, mit einer Gefängnisstrafe zu rechnen haben.

2004 wurde in den USA ein Gesetz gegen *fuck* und *shit* im Fernsehen oder Radio erlassen. Pro Verbalattacke konnte das die Sendeanstalten bis zu 325 000 Dollar kosten. Vier große US-Sender klagten dagegen und gewannen im Mai 2007.

Ein Experteninterview finden Sie unter www.dgfs.de.

Literatur zum Weiterlesen

Burgen, Stephen (1998): *Bloody hell, verdammt noch mal! Eine europäische Schimpfkunde*. München: dtv.

Freud, Sebastian (2007): *Handbuch der Beschimpfungen*. München: Bassermann.

Weitere Literatur

Aman, Reinhold (1986): *Bayrisch-Österreichisches Schimpfwörterbuch*. München: Goldmann. (R. Aman ist auch der Herausgeber des Magazins *Maledicta*, in dem er Beschimpfungen aus aller Welt sammelt.)

Kiener, Franz (1983): *Das Wort als Waffe*. Göttingen: Sammlung Vandenhoeck.

Nübling, Damaris und Marianne Vogel (2004): Zur sexuellen, krankheitsbasierten, skatologischen und religiösen Fluch- und Schimpfwortprototypik im Niederländischen, Deutschen und Schwedischen. In: *Germanistische Mitteilungen* 59, 19–33.

Pursch, Günter (1984): *Das neue parlamentarische Schimpfbuch*. München: Langen Müller.

Thal, Hella (1997): *Schmutzige Wörter. Schimpfwörter, Beleidigungen, Flüche*. Frankfurt/Main: Eichborn.

Internetadressen

Das kleine Schimpfwort-ABC:
http://www.spiegel.de/unispiegel/jobundberuf

Hier freute irrt

Unter Rundfunksprechern und -redakteuren kursiert folgende Geschichte: Eine junge, noch unerfahrene Ansagerin soll Musik aus dem »Nussknacker« von Peter Tschaikowsky ansagen. Ihre Kollegen ziehen sie auf: »Sag bloß nicht *Nusskacker*«. Die Ansagerin ist verunsichert. Sie weiß, manchmal liegen Versprecher geradezu in der Luft und sind schwer zu vermeiden. Die Frau konzentriert sich also besonders und sagt an: »Meine Damen und Herren, Sie hören jetzt die *Nussknacker*-Suite …« – sie hat es geschafft, triumphierend nickt sie ihren Kollegen im Tonstudio zu und fährt dann schnell fort: »… von Peter *Tschaißkowsky*«.

Was ist hier passiert? Hat die junge Ansagerin eine freudsche Fehlleistung vom Feinsten hingelegt? Ist sie etwa analfixiert? Tun sich Abgründe auf? Was verrät der Versprecher über ihr Unbewusstes?

Versprecher sind demokratisch.
Sie kennen keine Standesunterschiede

Wer sich wissenschaftlich mit Versprechern beschäftigt, hat ein überaus amüsantes, aber auch schwieriges Forschungsgebiet gewählt, denn Erkenntnisse darüber, warum und wie ein Mensch sich verspricht, lassen sich experimentell nicht wirklich überprüfen. Zwar verspricht sich jeder, Junge wie Alte, Gebildete, Beredte, Konzentrierte, Lügner und Wahrheitsliebende – aber niemand verspricht sich auf Bestellung, erst recht nicht zu Forschungszwecken im Sprachlabor.

Natürlich gibt es Ausnahmen; das sind Komiker à la Heinz Erhardt (er spricht zum Beispiel statt von *Schottenmützen* von *Motten schützen*).

Sie verhaspeln sich bewusst und gekonnt, weil sie die unwiderstehliche Wirkung von Versprechern auf die Lachmuskeln kennen.

»Normale« Menschen fürchten gerade deshalb Versprecher und versuchen, sie zu vermeiden. Persönlichkeiten des öffentlichen Lebens, Politiker zum Beispiel, trainieren sogar unter fachkundiger Anleitung, sich flüssig, zusammenhängend und sinnmachend zu äußern. Versprechen sie sich dennoch, kann es passieren, dass sie ihre Patzer im Internet wiederfinden und die halbe Nation sich darüber ausschüttet vor Lachen. Manche Versprecher erreichen auf diese Weise locker Kultstatus, was dem Renommee des Urhebers nicht gerade guttut. Denn Menschen, über die man lacht, verlieren an Macht, weshalb in autoritären Regimen der subversive Witz so gefürchtet ist.

Wir sprechen nach Regeln, wir versprechen uns auch nach Regeln

Für die Sprachwissenschaft sind Versprecher so ungeheuer wichtig, weil sie den Forschern Aufschluss darüber geben können, wie Sprache in unserem Kopf entsteht. Versprecher sind das Fenster, durch das verschiedene Ausschnitte unseres Sprachplanungsapparates erkennbar sind. Wir alle sprechen nach Regeln, wir versprechen uns auch nach Regeln.

Diese Regeln zu erkennen, hat sich Helen Leuninger zum Ziel gesetzt, als sie Versprecher zu einem ihrer Spezialthemen wählte (ein anderes ist übrigens die Gebärdensprache, siehe Kapitel 11). Sie ist Professorin für Sprachwissenschaft am Institut für Kognitive Linguistik an der Johann Wolfgang Goethe-Universität in Frankfurt/Main. Ihr Fachgebiet: theoretische und kognitive Linguistik mit den Schwerpunkten Psycholinguistik, Neurolinguistik und Gebärdensprachlinguistik.

1993 schrieb sie in ihrem Buch »Reden ist Schweigen, Silber ist Gold. Gesammelte Versprecher«, wie sie zu diesem Thema kam: In einem ihrer Seminare ging es um Sprachstörungen durch Schädigungen der Sprachzentren im Gehirn. Sie sprach darüber, dass manche Englisch sprechende Aphasiker, also Menschen mit einer Hirnfunktionsstörung, plötzlich das Genitiv-s auslassen. Sie sagen nicht mehr korrekt »John's house«, sondern nur noch »John house«.

Die Professorin wunderte sich, dass die Studierenden ungewöhnlich aufmerksam waren und geradezu an ihren Lippen hingen. Erst später erfuhr sie den Grund: In ihrem Seminar hatte sie ständig und ohne es zu merken statt vom *sächsischen Genitiv* vom *genischen Sächsitiv* gesprochen. »Daraufhin«, so berichtet Helen Leuninger mit einer guten Portion Selbstironie, »kam ich zu dem Schluss, dass die akademische Lehre durch Versprecher und ihre Analyse bereichert werden könnte, und habe begonnen, Versprecher zu sammeln.«

Ihre Sammlung umfasst mittlerweile rund 8 000 deutsche Versprecher. Viele ihrer Leserinnen und Leser, Kolleginnen und Kollegen haben mitgesammelt. Nach Erscheinen des Buches, das in mehreren Auflagen in die Buchhandlungen kam, gingen viele Monate lang täglich rund 20 Briefe mit Versprechern im Institut ein. Die Sammlung wuchs so schnell (und wächst immer noch weiter), dass bereits 1996 ein weiteres Buch von Helen Leuninger erschien: »Danke und Tschüs fürs Mitnehmen. Neue gesammelte Versprecher«.

Über 100 Jahre alt, aber immer noch voller Überraschungen

Die Versprecherforschung ist kein neues Gebiet, aber sie war jahrzehntelang in Vergessenheit geraten. Bereits 1895 veröffentlichte der Grazer Sprachwissenschaftler Rudolf Meringer zusammen mit dem Neurologen Karl Mayer die erste deutsche Versprechersammlung. Sie trug den überaus modern anmutenden Titel: »Versprechen und Verlesen – Eine psychologisch-linguistische Studie«. Helen Leuninger ist voller Hochachtung für ihren Vorgänger. Sie stellt fest: »Viele von Meringers Überlegungen zu diesem Thema haben heute noch Gültigkeit. Das gilt sowohl für seine Unterteilung der Versprecher in fünf Klassen – *Vertauschungen, Vorklänge, Nachklänge, Vermischungen, Ersetzungen* – als auch für seine Annahmen über die psychologischen Ursachen und Entstehungsweisen solcher Fehlleistungen.«

Die beiden Weltkriege unterbrachen die aufstrebende Sprachforschung. Für die Versprecherforschung erwuchs ein weiterer Hemmschuh: Sigmund Freud gab jedem Versprecher tiefere, vorwiegend sexuelle Bedeutung. Seiner Meinung nach zeigte eine Aussage wie »Dann sind Tatsachen zum *Vorschwein* gekommen…«, wie sehr der Sprechende eine verborgene Schweinerei befürchtet und wie schnell ihm der verräterische Hinweis darauf – unbewusst – über die Zunge flutscht. Versprecher wurden ein Betätigungsfeld für die Psychoanalyse.

Sprachwissenschaftler wie Meringer damals und Leuninger heute sehen das anders. Ihrer Meinung nach sind Versprecher vor allem Montagefehler beim Wort- und Satzzusammenbau im Gehirn. Und viele Psycholinguisten, also Experten, die sich mit dem Zusammenspiel von Sprache, Hirnfunktionen und Psyche beschäftigen, meinen sogar, wer in die Rede eines anderen einen freudschen Versprecher hineininterpretiere, sei ein »Hörvoyeur«, er verrate mehr über sein eigenes Unbewusstes, als der Sprecher das tue!

Für Psychiater der Blick ins Unbewusste, für Linguisten ein »Nachklang«

Sigmund Freuds »freudsche Versprecher« stammten wahrscheinlich alle aus der umfangreichen Sammlung Meringers. Denn Versprecher, die Klienten während der Psychoanalyse passierten, durfte Freud wegen der auch damals schon geltenden ärztlichen Schweigepflicht nicht veröffentlichen. Allerdings waren es wohl nur neun der ca. 700 von Meringer gesammelten Lapsus Linguae, die Freud tatsächlich analysierte. Einer davon ist: »Ich fordere Sie *auf, auf* das Wohl unseres Chefs *auf*zustoßen.« Für Freud offenbarte ein solcher Verhaspler die unterschwellig missgünstige Einstellung des Redners. Für Linguisten handelt es sich hier schlicht um einen sogenannten *Nachklang*.

Nachklang? Wieso Nachklang? Die Antwort ist: Versprecher werden – Meringer lässt grüßen – in fünf Hauptkategorien eingeteilt. Eine davon ist eben der **Nachklang,** auch Postposition genannt. Mal angenommen, jemand erzählt, er habe sich im Restaurant »eine Suppe zum

Hauptgericht und einen Obstteller zum Nach*gericht* bestellt«, so hat er bei diesem Versprecher nicht an ein Scherbengericht oder ähnlich Symbolträchtiges gedacht, sondern einfach das -*gericht* von Hauptge*richt* beibehalten und hinten eingefügt. Aus Nach*tisch* wurde Nachge*richt* – ein Nachklang. Hier gehört auch das Vor*schwein* hin. Das *w* hat sich reingemogelt als Nachklang des *V* von *Vor*.

Einzelne Laute, Silben und ganze Wörter können zum Nachklang werden. Dasselbe gilt für **Antizipationen,** Vorklänge also. Der Sprechende denkt schon an den Buchstaben, den Laut, die Silbe oder das Wort, das folgen wird – und spricht es aus. So kündigt der Festredner z. B. an, er werde die Feier jetzt mit einem *kleinen Stinkspruch* (statt *kleinen Trinkspruch*) eröffnen. Das *s* von -*spruch* ist dabei vor das *T* von *Trink* gewandert. Ein typischer Versprecher, ein Montagefehler unseres Sprachanbahnungsapparates, kein Hinweis darauf, dass dem Redner womöglich heimlich das ganze Fest stinkt!

Weitere Beispiele für Antizipationen sind: *Sappelschlepper* statt: »Sattelschlepper«, **V**erhängnis**v**erhütung statt: »Empfängnisverhütung«, *Belamtenbeleidigung* statt: »Beamtenbeleidigung«, jemanden über den *grünen Klo loben* statt: »über den grünen Klee loben«. Und auch der *Nuss**k**acker* (statt: »Knacker«) und der *Tschai**ß**kow**s**ky* der anfangs erwähnten Rundfunksprecherin gehören dazu. Die junge Frau hatte sich schlicht nur versprochen. Daraus gleich auf ihr Unterbewusstes zu schließen, wäre allzu willkürlich.

Wir haben in unserem Kopf einen Grammatikbauplan

Gehört wurde, wie jemand resigniert verlauten ließ: »Ich gebe mir keinen *Witz* mehr, über *Witze* nachzudenken.« Er meinte, er gäbe sich *keine Mühe* mehr, über Witze nachzudenken. An diesem Beispiel lässt sich Erstaunliches erkennen. Auch wenn wir uns unglaublich verhaspeln – der Fehler steht im grammatisch einwandfreien Kontext, denn wir haben in unserem Kopf ein eingebautes Grammatiksystem, das für Ordnung sorgt. In unserem Beispiel verwechselt jemand die Wörter *Witz* und *Mühe*, setzt aber automatisch die richtige Form des Artikels ein. Er sagt nicht: *keine Witz*, wie das für *Mühe* richtig wäre, sondern gleicht den Fauxpas aus, noch bevor er über die Lippen kommt. Aus »Ich gebe mir keine Mühe mehr« wird grammatisch korrekt, aber unsinnig: »Ich gebe mir keinen Witz mehr.«

Unserer innerer Grammatikkontrolleur hat auch aufgepasst, wenn jemand »Das ist ja ein ganz *dickes Stück*« sagt, aber »Das ist ja ein ganz *dicker Hund*« meint. Er hat zwei Redensarten: »dicker Hund« und »starkes Stück« zusammengemixt. Der Cocktail, der daraus entsteht, ist in seiner Aussage ungewöhnlich, aber grammatisch völlig korrekt. Das Adjektiv ist nicht *dicker* wie bei *Hund* geblieben, sondern blitzartig zu *dickes* für *Stück* geworden.

Verstanden wird man trotz Versprechens tadellos

Eine dritte Verbrecher-, äh: Versprecherkategorie sind **Vertauschungen.** Zwei sprachliche Einheiten – das können wieder Wörter oder Silben sein – wechseln ihren Platz. Zum Beispiel

Wörter: Ich habe Susi Brötchen *schicken geholt* (statt: Ich habe Susi Brötchen holen geschickt)

Manchmal *schlafe* ich abends so sehr, dass ich *nicht einfrieren* kann (statt: Manchmal friere ich abends so sehr, dass ich nicht einschlafen kann)

Ich hab 'ne *Frau* als *Holländerin* (statt: Ich hab 'ne Holländerin als Frau) die Milo von Venus (statt: die Venus von Milo)

Laute: Ich *hose* und *kerze* dich (statt: kose und herze)

Morgen mehr auf gleicher *St*elle an gleicher *W*elle (statt: Morgen mehr auf gleicher Welle an gleicher Stelle)

Bestandteile von Wörtern: *ausgeschlitztes Kochohr* (statt: ausgekochtes Schlitzohr), *zwecktischer Prak* (statt: praktischer Zweck)

Silben: *Gebrecherverhirne* (statt Verbrechergehirne)

Hierher gehört auch einer der vielen Versprecherklassiker aus der Amtszeit eines bayerischen Ministerpräsidenten: Auf einer Wahlrede rief er dem Publikum zu, es fehle nur noch ein »kleines Sprühen in die gludernde Lot, ääääh die gludernde Flut, ähhh die lodernde Flut«. Klarer Fall von Lautvertauschung. Seine Zuhörer nahmen ihm das nicht übel. Es kam kein Pfiff, kein Buh, sondern donnernder Applaus. Einen so schönen Versprecher nimmt das Publikum mit Vergnügen hin. Passieren solche Rhetorikpleiten allerdings öfter, kratzt das – siehe oben – erheblich am Prestige des Sprechers und untergräbt seine Autorität nachhaltig.

Das Erstaunliche ist, auch die abenteuerlichsten Versprecher führen nahezu nie zu chaotischen Sprachverhältnissen. Trotz schlimmster Vertauschungen, Antizipationen und Postpositionen werden wir verstanden. Auch wenn unsere Verdreher und Verhaspler manchmal keinen Sinn machen: Für den Hörer ist es meist leicht, die Botschaft zu entschlüsseln, weil er mit dem Sprecher die Sprachkenntnis teilt. Vermutlich sind wir so programmiert, dass wir ein interessantes Gespräch möglichst nicht abreißen lassen. Die Nachricht ist wichtig! Also hören wir lieber schnell über einen Versprecher hinweg, weil wir die ganze Mitteilung aufnehmen wollen.

Manche Versprecher sind schon beinahe zu Sprichwörtern geworden. »Das schlägt dem Fass die Krone ins Gesicht« ist so eines. Manche Versprecher erkennen wir erst auf den zweiten oder dritten Blick: »Danke und Tschüs fürs Mitnehmen«. Was soll daran auffällig sein? Ach ja, *danke* und *tschüs* sind vertauscht. Dennoch weiß jeder, was gemeint war.

Unverständlich wird ein Sprecher erst, wenn er schwafelt, den Faden verliert, Ausflüchte sucht – wie man es täglich in Talkshows erleben kann. Mit ehrlichen Versprechern hat diese Form des verbalen Mülls aber nichts zu tun!

Vom Mann, der erst mit seiner Frau schlafen wollte

Besonders spannend ist die Versprecherkategorie **Kontaminationen** (Vermischungen). Wir kennen sie alle aus eigener Erfahrung. Da scheint geradezu ein sprachlicher Wettkampf stattzufinden zwischen zwei Wörtern, die einem zeitgleich auf der Zunge liegen. Keins gewinnt. Sie treten quasi gemeinsam auf und dann kommt es zu Aussagen wie:

Es *kommt* Kritik daran *laut* (aus: Es kommt Kritik daran auf / Es wird Kritik daran laut)

Der Mann hat schon viel *hinter sich gemacht* (aus: gebracht bzw. gemacht)

Sei mir nicht *übel* (aus: Sei mir nicht böse / Nimms mir nicht übel)

Er ist mir auf die *Pelle getreten* (aus: auf die Pelle gerückt / auf die Füße getreten)

Aber auch aus mehreren Wörtern kann eins entstehen:

hin- und herschwogen (aus: schweben/wogen)

Ich möchte Herrn S. beistimmen (aus: beipflichten/zustimmen)

Manche der vermeintlichen freudschen Fehlleistungen fallen unter die Rubrik »Kontaminationen«. Wie die Äußerung eines Abteilungsleiters, der einen Auslandsposten übernehmen sollte und auf die Nachricht mit dem Satz reagierte: *Da muss ich erst mit meiner Frau drüber schlafen.* Für Sprachwissenschaftler völlig klar: Der Mann hatte keine erotischen Absichten, er hatte lediglich »Da will ich erst mit meiner Frau drüber sprechen« und »Da muss ich erst mal drüber schlafen« vermischt – allerdings auf unübertreffliche Weise.

Spannend sind auch die **Substitutionen,** die Ersetzungen. Dabei wird ein Wort durch ein inhalt- oder formähnliches Wort ersetzt. Jemand sagt z. B.: »Das ist doch der *Hund* von Sabine – nein, ich meine: die *Katze*«. Oder: »Hast du die Butter in den *Keller* – äh, ich meine, in den *Kühlschrank* getan?«

Solche Versprecher, bei denen man das eine meint und ganz etwas anderes, mitunter sogar das Gegenteil, sagt, passieren, weil Begriffe nach Klangähnlichkeiten, nach ihren Bedeutungen, aber auch nach ihrer Gegensätzlichkeit in unserem Kopf vernetzt sind. Wir haben auf diese Arten aufeinander bezogene Begriffe nah beieinander in unserem »Lexikon«, wobei mit »Lexikon« kein papiernes Nachschlagewerk gemeint ist. Lexikon ist bei Linguisten der Fachausdruck für den Wortschatz in unserem Kopf. Da gibt es z. B. den Oberbegriff »Haustier«: *Katze* und *Hund* sind da nah beieinander gespeichert, das kann zu Fehlgriffen führen, ebenso wie *Keller* und *Kühlschrank* als Aufbewahrungsorte für Lebensmittel.

In einem Vater-Sohn-Gespräch über Natur und Chemie sagt der Sohn statt Organismus *Orgasmus*. Freudianer könnten meinen, hier bringe der Sohn unbeabsichtigt seinen Wunsch zum Ausdruck, mit dem Vater auch über sexuelle Themen reden zu können. Sprachwissenschaftler verweisen auf die Klangähnlichkeit der Begriffe. Vermutlich sind sie im »Lexikon« des Jungen benachbart gespeichert.

Manchmal fällt einfach ein Laut aus

Immer, wenn wir nach einem Wort suchen, wird ein ganzes Feld von anderen Wörtern mit verwandtem Sinn und Klang mit aktiviert. Dann kommt es darauf an, welches Wort es als Erstes auf die Zunge schafft. Beim ehemaligen Bundeskanzler Kohl war es das falsche Wörtchen mit *u*: Er berichtete anlässlich einer Koalitionskrise in Bonn über die weitere Zusammenarbeit zwischen CDU/CSU und FDP und sagte, er sehe durchaus Chancen für die Koalition, »... wenn wir pfleglich miteinander *unter*gehen ...« Gemeint hatte er natürlich »*um*gehen«.

Da freuen sich die Anhänger der freudschen Versprechertheorie! Wenn da mal nicht unterschwellige Ängste aus dem Bundeskanzler sprachen! Mitgemischt haben könnte der Vater der Psychoanalyse doch auch bei dem Versprecher eines Politikers, der bei der Kommunalwahl nicht die erhoffte Stimmenmehrheit erhalten hatte und deshalb zum Regieren eine Koalition bilden muss. Er sagte in einem Interview am Wahlabend, er werde unverzüglich mit den *Sanierungs*-gesprächen- nein, nein – mit den *Sondierungs*gesprächen beginnen. Versprecherforscherin Helen Leuninger winkt ab: »Natürlich haben auch unsere Emotionen und Stress Einfluss auf unser Sprechen. Aber wenn etwas schief läuft, liegt es meist an den schon genannten ›Montagefehlern‹ bei der Sprachanbahnung. Dass jemand sich ›verplappert‹, weil er heimlich das eine denkt, aber offiziell was anderes sagen will, kommt sicher vor, ist jedoch viel seltener als gemeinhin angenommen wird.«

Weniger häufig, aber nicht minder brisant sind Versprecher, die durch Hinzufügungen oder durch Weglassen eines oder mehrerer Laute entstehen. Das kann weitreichende Folgen haben und sogar zu internationalen Verwicklungen führen! Zum Beispiel wenn es in einem Bericht heißt, die NATO habe serbische Ziele *aus der Luft gegriffen* (statt: **an**gegriffen). Nur peinlich ist dagegen die Feststellung: »Der Patient war Scheißer im Akkord«. Das wichtige *w* blieb einfach weg...

Wie bringt das Gehirn die Sprache auf die Zunge?

Wie machen wir das bloß, dass wir so mühelos sprechen können? Auf diese Frage hätten Linguisten, Neurologen, Hirnforscher und viele andere Fachleute brennend gern eine Antwort. Hier ist ein Punkt, an dem sich die Interessen von Geisteswissenschaft und Naturwissenschaft treffen, hier wird gemeinsam geforscht. Wobei das beim Prozess der Sprachentstehung besonders schwierig ist: Zwar können in sprachpsychologischen Tests und mit bildgebenden Verfahren die Hirnaktivitäten sowohl beim Lesen wie beim Sprechen sichtbar gemacht werden, aber beim Reden muss man Stimmbänder, Zunge und Lippen bewegen – die hypersensiblen Messgeräte reagieren darauf leider mit Störungen und beeinflussen die Ergebnisse.

Nehmen wir es deshalb erst einmal, wie es ist: Wir sind genial! Das muss man sich mal vorstellen, im Millisekundenbereich wählt jeder, der etwas sagen will, aus seinem aktiven Wortschatz von rund 30 000 Wörtern die richtigen Begriffe und bildet daraus – meist verständliche – Sätze! Die im Kopf fertige Äußerung wird in eine exakte Abfolge von Lauten verwandelt. Sie gelangt durch rasche, meist bestens koordinierte Bewegungen von etwa 100 Muskeln auf die Zunge – und über die Lippen hinaus in die Welt.

Aber noch ein weiteres Wunder ist zu bestaunen. Bevor ein Satz ge-sprochen wird, unterliegt er einer Art freiwilliger Selbstkontrolle. Die-se total unbewusste »Schlussredaktion« in einem speziellen Hirnareal prüft, ob irgendwo Fehler aufgetreten sind, und korrigiert sie. Nur manchmal rutscht – wie das bei Kontrollinstanzen eben so ist – doch was durch! Und das freut die Spracherwerbsforscher, weil sie aus den dann auftauchenden Versprechern darauf schließen können, in wel-chen Schritten Sprache in uns entsteht.

Am Anfang steht die grammatische Form

Es ist schwer zu erklären: Ein Gedanke will eine sprachliche Form fin-den – wie geht das? Durch akribische Versprecheranalysen lässt sich zum Verlauf der Sprachproduktion etwa Folgendes sagen: Da die **Grammatik** bei einer Formulierung von Versprechern nicht betroffen ist und da die **Betonung** eines Wortes auch bei Verdrehungen original erhalten bleibt, scheint beides – grammatische Form und Tonkontur – als Erstes in unserem Kopf bereitgestellt zu werden, unverrückbar und, wohlgemerkt, noch bevor wir uns in unserem »Lexikon« die pas-senden Wörter gesucht, geschweige denn gefunden haben.

Die Tonkontur, also der Rhythmus einer Sprache, ist neben dem ein-gebauten Grammatikkonzept ein besonders erstaunliches Phänomen unseres Sprachvermögens. Wissenschaftler haben herausgefunden, schon Neugeborene können Sprachen nach ihrem Rhythmus unter-scheiden.

Die Wörter, die unser Denkapparat nach der Bereitstellung von Gram-matik und Rhythmus aus unserem mentalen Lexikon holt, werden linguistisch in **Inhaltswörter** und **Funktionswörter** unterteilt. In-haltswörter sind Substantive, Verben, Adjektive – fehlertechnisch sehr anfällig! Hier kann es zu Vertauschungen von Lauten, Lautgruppen, Silben, ganzen Wörtern und Wendungen kommen. Beispiel: »Abschied ist ein *scherfes Schwart*« – mit dieser Vertauschung bat eine Frau bei einem Radiowunschkonzert um einen Roger-Whittaker-Song. Die Arme musste mehrere Anläufe nehmen, bis sie es korrekt herausge-bracht hatte: »Abschied ist ein scharfes Schwert«. Sie hätte sich nicht verhaspeln können in Richtung: »Abschied *eist in* scharfes Schwert«, denn Inhaltswörter werden nie (oder fast nie) mit Funktionswörtern, mit Artikeln, Präpositionen, Konjunktionen vertauscht.

Daraus schließen die Wissenschaftler, dass Inhalts- und Funktionswörter in zwei verschiedenen Schritten in eine geplante Äußerung eingesetzt werden, also nach der Grammatik und der Tonkontur kommen die Inhaltswörter, dann die Funktionswörter.

Betrifft ein Fehler zwei Stellen im Satz – und das ist ja oft so –

Kussverletzungen am **Sch**opf
Männer können immer noch **trinken,** wenn sie was **gefahren** haben,

dann liegen diese beiden Fehler meist nicht weiter als sieben Einheiten auseinander. Das bedeutet, die gesprochene Sprache scheint in unserem Kopf in Blöcken von etwa sieben Einheiten Länge montiert zu werden. Das passt, denn Hirnforscher wissen, dass unser Kurzzeitgedächtnis nur rund sieben Einheiten behalten kann.

Ähnlich spannend wie Versprecher sind ihre Korrekturen

Versagt die »Schlussredaktion« im Kopf und ein Versprecher wird nicht in Sekundenbruchteilen korrigiert, sondern ist gerade ausgesprochen, dann stutzt der Redner manchmal: »Ups, was red ich denn da?« oder »Äh, Entschuldigung…«, und korrigiert sich schnell selbst – nach einem Räuspern, einem Lacher, einem verwunderten Kopfschütteln, je nach Temperament und Situation. Allerdings werden nur etwa 50 Prozent der Versprecher vom Verursacher auf diese Weise selbst korrigiert – der Rest wird übergangen. Der Gesprächspartner versteht eh, was gemeint ist.

Er tut auch gut daran, den Redner nicht auf seinen Versprecher aufmerksam zu machen. Die meisten Menschen empfinden so einen Hinweis nämlich als Kritik an ihrer Persönlichkeit: »Stimmt nicht, das hab ich gar nicht gesagt!« Nach Helen Leuninger sind »Fremdkorrekturen kommunikative Fehltritte« und sozial total kontraproduktiv.

Auch bei Korrekturversuchen sind wir übrigens nicht vor erneuten Versprechern geschützt. »Seit ich das immer hör, versprech ich mich viel früher als öfter«. Manchmal scheinen Menschen geradezu von einem Versprechervirus befallen zu sein. Jede Korrektur gebiert einen neuen Versprecher. Ein Beispiel aus dem Rundfunk: »Meine Damen und Herren, Sie hören nun die h-Mess-Molle. Verzeihung, die h-Moss-Melle, ich bitte sehr um Entschuldigung, die h-Moll-Messe von Johann Sebaldrian Bach – ich häng mich auf!«

Sprechen in Zahlen

400 Millisekunden dauert es etwa, ein Wort hervorzubringen.

120 bis 150 Wörter in der Minute – das ist unsere normale Sprechgeschwindigkeit.

30 000 Wörter etwa umfasst unser aktiver Wortschatz, bei »gebildeten« Menschen wird er auf **ca. 94 000** geschätzt.

250 000 Wörter haben wir in unserem passiven Wortschatz.

Auf **300 000 bis 500 000 Wörter** schätzt man den gesamten Wortschatz der deutschen Sprache, Fachbegriffe eingeschlossen.

Alle **1 000 Wörter** etwa passiert ein Versprecher, d. h., rund alle **10 Minuten** verspricht man sich.

Nur **ca. 50 Prozent** aller seiner Versprecher korrigiert ein Sprecher selbst. Die meisten werden übergangen.

Ein Experteninterview finden Sie unter www.dgfs.de.

Literatur zum Weiterlesen

Leuninger, Helen (1996): *Reden ist Schweigen, Silber ist Gold. Gesammelte Versprecher.* München: dtv.

Leuninger, Helen (1998): *Danke und Tschüs fürs Mitnehmen. Neue gesammelte Versprecher.* München: dtv.

Die Geheimnisse
der fliegenden Hände

Vermutlich halten Sie es für einen Scherz, für einen besonders schlechten noch dazu, wenn man Ihnen erzählt, gehörlose Menschen sängen in Chören. Ein ebenfalls gehörloses Publikum käme gern zu solchen Veranstaltungen und sei sehr kritisch. Gefalle das Konzert, wird nicht geklatscht, sondern die Zuhörer wedeln mit den Händen in der Luft! – Oder wie finden Sie das: Gehörlose könnten allein aus der Art und Weise, wie jemand bestimmte Handzeichen macht, erkennen, ob er aus Hamburg oder Augsburg stammt.

Das ist doch Quatsch – oder?

Nein, es stimmt. Und es stimmt leider auch, dass wir Hörenden viel zu wenig über die Situation der Gehörlosen wissen. Viele denken, deren Welt sei total still, traurig und beschränkt. Wenn wir sie überhaupt wahrnehmen, dann durch die gelegentlich eingeblendeten Gebärdensprachdolmetscher, die in einigen TV-Nachrichtensendungen rechts oder links im Bildschirm heftig gestikulieren, Grimassen schneiden, mitunter auch Laute ausstoßen. Manche Zuschauer denken sich: »Was machen die da?« Oder: »Muss das sein? Das lenkt doch bloß ab!« Andere aber finden diese Form der Kommunikation durchaus faszinierend, auch wenn sie wenig oder gar nichts darüber wissen.

Viel zu selten sieht man gehörlose Menschen auf der Straße, im Bus, in Kunstausstellungen und kann zuschauen, wie lebhaft sie sich untereinander verständigen. Ihre Hände fliegen, ihre Mimik spricht Bände – leider nicht zu uns Hörenden. Wie machen die das bloß? Was steckt hinter dieser rätselhaften Pantomime?

Linguisten mussten umlernen

Dr. Markus Steinbach, Sprachwissenschaftler am Deutschen Institut der Johannes Gutenberg Universität-Mainz, gehört zu den wenigen Linguisten, die sich mit der Erforschung der DGS, der Deutschen Gebärdensprache – so heißt sie offiziell – beschäftigen. Immer wieder wird ihm die Frage gestellt, ob diese »Zeichensprache« denn überhaupt die Bezeichnung »Sprache« verdiene. Gesprochen wird da ja kaum ein Wort.

»Wir haben umlernen müssen,« sagt Steinbach, ein hochgewachsener Mann, mit kräftigem Haar und angenehmem Lachen. Studiert hat er eigentlich Germanistik, ist dann aber auf Linguistik umgestiegen, weil deren naturwissenschaftliche Methoden seiner Denk- und Arbeitsweise sehr entgegenkamen.

»Lange gingen Linguisten davon aus, dass menschliche Sprachen nur über die Artikulation von Lauten funktionieren. Wir haben aber erkennen müssen, dass es eben nicht nur Lautsprachen gibt, sondern auch visuelle Sprachen. Die Töne, die wir mit Stimmbändern, Lippen, Zunge und Unterkiefer bilden, werden in Gebärdensprachen durch Körperhaltung, Mimik, Handform, Handstellung und Bewegung ersetzt.«

Rund 200 000 Menschen in Deutschland sind gehörlos oder stark schwerhörig. Etwa 100 000 davon verständigen sich durch die Gebärdensprache. Diese Gruppe setzt sich zusammen aus rund 80 000 gehörlosen Menschen und ca. 20 000 stark Schwerhörigen und Hörenden, die als Kinder gehörloser Eltern aufgewachsen sind. Für sie gibt es die Fachbezeichnung »Coda« = children of deaf adults. Codas haben die Gebärdensprache wie Hörende die Lautsprache von ihren Eltern gelernt, um sich mit Mutter und Vater unterhalten zu können. Damit beherrschen sie eine ganz eigene Sprache, die sich, wie andere Sprachen auch, ständig weiterentwickelt. Es handelt sich in der Tat um eine vollwertige, komplexe Sprache, nicht bloß um einen Behelf.

Menschen, die bilingual sind, die also beides beherrschen, die Lautsprache und die Gebärdensprache, geraten geradezu ins Schwärmen, wenn sie über die Gebärdensprache berichten. Es gebe keine Bereiche des Lebens, die man durch Gebärden nicht ebenso subtil, präzise, witzig oder gefühlvoll ausdrücken könne wie durch die Lautsprache. Manche der Zweisprachler gehen noch weiter und schwören, man könne vieles mittels Gebärden sogar noch treffender formulieren, als es durch Wörter möglich ist. Es gibt wunderbare Gedichte in Gebärdensprache. Und auch so schwer fassbare Themen wie Quantenmechanik oder Molekularbiologie lassen sich in Gebärden ausdrücken.

Im Erfinden von »Spitznamen« sind Gehörlose nicht zimperlich

Wer nun meint, die Gehörlosen kommunizieren untereinander, indem sie mit den Händen Buchstaben formen und die blitzschnell übermitteln bzw. ablesen, irrt gewaltig. Zwar gibt es Finger- und Handzeichen für jeden einzelnen Buchstaben. Aber benutzt wird das Alphabet nur in bestimmten Situationen, zum Beispiel, wenn es um Fremdwörter, Fachbegriffe oder Namen geht. Doch sobald die Gesprächspartner wissen, um was oder wen es sich handelt, erfinden sie sofort eine typische Geste mit Wiedererkennungseffekt für diesen Menschen oder diesen Begriff, sodass das zeitaufwendige Buchstabieren gleich wieder entfallen kann.

Im Erfinden dieser Gebärdennamen sind Gebärdensprachler nicht zimperlich: Wer wenig Haare hat, wird »Glatze« genannt; wer beleibt ist, heißt schlicht »Bauch«. Und wenn jemand einen bildhaften Nachnamen hat, zum Beispiel »Wolke« heißt, wird er mit entsprechender Gebärde bezeichnet. Die respektlose Direktheit der Gehörlosen macht auch vor Politikern nicht halt. So ist die Gebärde für Bundeskanzlerin Merkel eine schwach abwinkende Handbewegung bei heruntergezogenen Mundwinkeln, die für Exbundeskanzler Schröder eine pendelnde Hand – für Unentschlossenheit. Westerwelle wird mit einer am Gesicht kratzenden Gebärde benannt – wegen seiner großporigen Haut!

Abbildung 1
Angela Merkel

Abbildung 2
Gerhard Schröder

Abbildung 3
Guido Westerwelle

| Abbildung 4 | Abbildung 5 | Abbildung 6 |
| Vergangenheit | Gegenwart | Zukunft |

Gebärden für »Frau« gibt es gleich mehrere. Am politisch unkorrektesten ist wohl die, mit gewölbter Hand eine Wölbung auf dem eigenen Brustkorb anzudeuten. Frau gleich Busen! Diese Gebärde ist aus der Mode gekommen. Eine andere Gebärde zeigt das Telefonieren. Soll heißen: Frau spricht viel! Eine weitere Gebärde: Stöckelschuhe – als typisch weibliches Fortbewegungsmittel! Die modernste und allseits akzeptierte Gebärde ist der Griff ans Ohrläppchen: Ohrringe!

In Amerika, so hört man, soll eine Kommission eingesetzt werden, die die ASL (American Sign Language) auf politisch unkorrekte Gebärden hin untersucht und bereinigt. Gäbe es solch eine Kommission in Deutschland, würde sie sicher die Gebärde für Kopftuch als Symbol für Aldi beanstanden!

Das Verb kommt immer zum Schluss

Sprachwissenschaftler Steinbach ist fasziniert von seinem Forschungsgebiet: »Die Gebärdensprache hat eigene grammatische Strukturen, beispielsweise einen besonderen Satzbau, der anders ist als im Deutschen. Deshalb lassen sich Deutsch und Gebärdensprache nicht wirklich simultan übersetzen.«

Unser Satz: »Ich kaufe ein Buch« wird gebärdet: »Ich Buch kaufe«. Das Verb steht am Ende. Das ist auch in der Lautsprache meist so, aber eben nicht immer. Vorn stehen in der DGS die adverbialen Bestimmungen der Zeit, damit den Gesprächspartnern gleich klar ist, in welchem Zeitraum die Geschichte spielt: Gegenwart? Vergangenheit? Zukunft? In der Gebärdensprache nehmen die Verben nämlich keine unterschiedlichen Zeitformen an. Sagen wir: »Ich kaufte ein Buch«, gebärdet ein Gehörloser »Gestern ich Buch kaufe« und macht dabei eine leichte Handbewegung über seine Schulter: gestern – also vorbei. Liegt der Buchkauf noch weiter zurück, gebärdet er Tage, Monate, Jahre – ebenfalls nach hinten.

Wird der Erzählende aber erst morgen in die Buchhandlung gehen, gebärdet er: »Morgen ich Buch kaufe« mit einer Anfangsbewegung in den Raum hinein – also Zukunft. Damit kommt er der Lautsprache übrigens recht nahe, denn wir Hörenden sagen auch häufig: »Morgen kaufe ich ein Buch« statt »Morgen werde ich ein Buch kaufen«. Im Deutschen verzichten wir also in manchen Fällen durchaus auch auf die korrekte Zeitform. Die Gebärdensprache aber kennt – wie viele Lautsprachen übrigens auch – keine Zeitformen für Verben. Allerdings hat die DGS so etwas wie das Perfekt: Soll eine Handlung als abgeschlossen geschildert werden, schlägt der Gebärdende direkt nach dem Verb mit der Kante der einen Hand kurz auf die Handfläche der anderen Hand.

Viele Hörende nehmen an, Gebärdensprachler würden hauptsächlich bildhafte Gesten verwenden, für »schauen« also zum Beispiel durch einen von Daumen und Zeigefinger gebildeten Kreis blicken. Das stimmt, dennoch sind die sogenannten ikonischen, also bildhaften, Gesten nicht so häufig, wie man denkt. Sie umfassen nur etwa 40 Prozent aller Wörter. Eigentlich schade, denn ikonische Gesten sind für Hörende einfacher zu lernen, weil sie sich darunter etwas vorstellen können.

Was die Gebärdensprache so beredt macht, ist der Umstand, dass zu den Handbewegungen die sogenannten »nicht manuellen Komponenten« wie Blickrichtung, Bewegung der Augenbrauen und des Mundes, Bewegung von Kopf und Oberkörper kommen. »Damit kann man nicht nur Fragen, Befehle und Bitten im Nu deutlich machen, sondern auch Gefühle sehr gut ausdrücken«, sagt Markus Steinbach.

Verblüffend: Die Gebärdensprache ist vierdimensional

Sprachwissenschaftler haben es gemessen: Ein Wort hervorzubringen dauert im Durchschnitt 400 Millisekunden; das geht also überaus flott. Zwar ist im Zusammenhang mit der Gebärdensprache gern von den »fliegenden Händen« die Rede, dennoch ist es schwer vorstellbar, dass Gebärden so schnell übermittelt und verstanden werden können wie gesprochene Sätze. In diesem Zusammenhang zeigte eine Studie über das Produktionstempo der Gebärdensprache Erstaunliches: Zwar beanspruchen die einzelnen Gebärden fast doppelt so viel Zeit wie ein gesprochenes Wort, aber der Inhalt eines ganzen Satzes wird genauso schnell produziert wie in der Lautsprache und er wird obendrein schneller verstanden!

»Die Gebärdensprache gibt den Inhalt genauso schnell wieder«, sagt Steinbach, »denn schon während der Mitteilende seinen Satz gebärdet, nimmt der Angesprochene viele verschiedene Aspekte einer Gebärde wahr. Dagegen muss man in der Lautsprache ein Wort nach dem anderen stimmlich und atemtechnisch formulieren; die einzelnen Satzteile kommen nacheinander beim Zuhörer an. Da dauert es oft länger, bis er den Sinn des Gesagten aufgenommen und verstanden hat. Ein Gebärdensprachler erfasst den Satz unmittelbarer.« Nützlich ist dabei vor allem, dass in der Gebärdensprache mehrere Informationen gleichzeitig übermittelt werden können. Die Mitteilung »Das Auto fährt schnell um die enge Kurve« wird in einer einzigen Gebärde wiedergegeben! In der Lautsprache muss man dafür acht Wörter formulieren.

Neben den vielen Eigenheiten der DGS fällt eine weitere ganz besonders auf: Die Gebärdensprache ist vierdimensional. Um sich mitzuteilen, nutzen Gebärdensprachler den ganzen Raum vor sich: Höhe, Breite, Tiefe, dazu die Zeit in der Abfolge von Gesten und Mimik. Das Schlaue: In diesem Gebärdenraum kann man handelnden Personen oder Dingen einen festen Platz zuweisen. Soll zum Beispiel über einen Mann und eine Frau berichtet werden, so gebärdet der Gesprächsteilnehmer »Mann«, weist dann durch eine Faust mit schräg nach unten gestrecktem Zeigefinger in eine Ecke (auf 3a in Abbildung 8). Er gebärdet »Frau« und weist sie in eine andere Ecke (auf 3b). Will er nun mitteilen: »Er besucht sie«, zieht er mit der Hand eine Linie von der einer Ecke zur anderen, also von 3a nach 3b. Sein Gesprächspartner weiß nun sofort, was gemeint ist, vorausgesetzt, er hat sich die Platzierungen gemerkt. Linguisten sprechen in diesem Zusammenhang von den »Lokalitäten im Gebärdenraum«, wobei mit »Gebärdenraum« der Bereich in Armeslänge vor, über, neben sich gemeint ist. In Hüfthöhe ist Schluss. Soll z.B. über einen Fuß berichtet werden, zeigt man nicht etwa auf den Fuß, sondern formuliert die Gebärde »Fuß«.

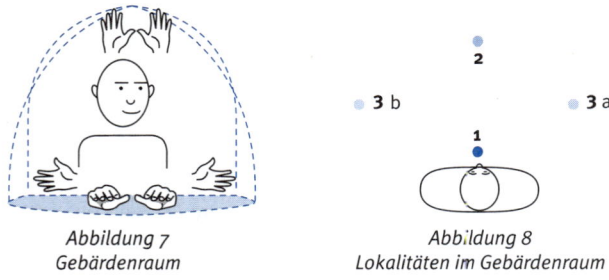

Abbildung 7
Gebärdenraum

Abbildung 8
Lokalitäten im Gebärdenraum

Kinder erlernen die Gebärdensprache mühelos

Besonders spannend für Linguisten ist herauszufinden, auf welche Weise Kinder sich die Gebärdensprache aneignen. Markus Steinbach kennt die erstaunliche Antwort: »Der Spracherwerb bei gehörlosen, aber auch bei hörenden Kindern gehörloser Eltern verläuft im Großen und Ganzen so wie der Lautspracherwerb bei hörenden Kindern mit hörenden Eltern.«

Beobachtungen zeigen, dass Babys gehörloser Eltern, die sich in der Gebärdensprache unterhalten, mit ca. sechs Monaten beginnen, ihre Händchen in der charakteristischen Art der Gebärdensprache zu bewegen, allerdings ebenso fantasievoll ungeordnet wie brabbelnde kleine Kinder. Trifft ein Baby dabei einen Begriff richtig – ob nun als Wort oder Gebärde – und verwendet ihn häufig, dann nimmt es das Wort/die Gebärde in seinen ständig wachsenden Sprachschatz auf.

In der Gebärdensprache eignen sich Kinder bis zum Alter von ca. zwölf Monaten im Wesentlichen Zeigegesten an. Danach verwenden sie wie hörende Kinder vor allem Eigen- und Gattungsnamen (»Ball«). Ab dem 21. Monat können sie die Pronomen »ich« und »du«, machen aber wie hörende Kinder bis zum Alter von ca. 25 Monaten Fehler bei der Verwendung dieser Pronomen. Mit anderthalb Jahren beherrschen Kinder ca. 50 Gebärden, mit fünf Jahren können sie aktiv ca. 5 000 Gebärden, passiv über 20 000.

Für gehörlose Kinder und erst recht für Kinder gehörloser Eltern ist die Gebärdensprache die Muttersprache. Steinbach weist auf eine große Schwierigkeit hin: »Viele gehörlose Kinder befinden sich in einer besonderen Spracherwerbssituation, da ihre Eltern die für sie adäquate Muttersprache nicht beherrschen. Nur ca. zehn Prozent aller gehörlosen Kinder haben gehörlose Eltern. Da diese gehörlosen Eltern selbst wieder häufig hörende Eltern haben, gibt es wenige Familien mit gehörlosen Muttersprachlern in der zweiten oder dritten Generation.«

Gehörlose Kinder hörender Eltern kommen erst relativ spät mit der Gebärdensprache in Kontakt, meist erst in der Schule. Gerade in der für sie so wichtigen frühen Entwicklungs- und Lernphase werden sie nicht entsprechend gefördert. Das kann sich auf ihre späteren Leistungen negativ auswirken. Dabei hat sich gezeigt, gehörlose Kinder sind genauso intelligent und in der Lage, komplizierte Texte aufzunehmen wie hörende, gibt man ihnen nur die Chance und die Mittel dazu!

Fatal ist vor allem, dass in vielen Schulen immer noch an dem veralteten Konzept festgehalten wird, gehörlose Kindern zuallererst das Lippenablesen zu lehren, damit sie sich mit der Mehrheit – das sind die Hörenden nun mal und nicht die Gehörlosen – zumindest oberflächlich verständigen können. Statt Deutscher Gebärdensprache (DGS) lernen sie zusätzlich zum Lippenablesen LBG, lautsprachbegleitende Gebärden. Markus Steinbach dazu: »LBG ist eine künstliche Sprache mit rein didaktischem Nutzen, die funktioniert, als würden wir einen deutschen Satz mit englischen Wörtern bilden. Beispiel: ›Equal goes it loose‹. Das mag für Deutsche die Illusion sein, sich verständlich zu machen, auf Angloamerikaner wirkt es albern. Ähnlich geht es den Menschen, die versuchen, per LBG zu kommunizieren.«

Gehörlose Kinder mussten in der Schule auf ihren Händen sitzen

Es ist die Tragödie vieler Familien, dass die gehörlosen Eltern keine Gebärdensprache lernen durften. Vor noch gar nicht allzu lang zurückliegender Zeit wurden gehörlose Schüler dazu verdonnert, in der Klasse auf ihren Händen zu sitzen, damit sie nicht in Versuchung kämen, mit den Händen zu gebärden. In der Pause auf dem Schulhof, wenn die Lehrer nicht schauten, verständigten sie sich heimlich – durch Gebärden. Es ist die ihnen gemäße Sprache. Darin sollten ihnen Märchen und Geschichten erzählt werden, um ihre eigenen Erzählkompetenzen aufzubauen. Frühförderer sollten Gebärdensprache lernen und sie in jede Familie mit gehörlosen Kindern bringen, statt von der Gebärdensprache abzuraten.

Warum werden immer noch nicht alle gehörlosen Kinder in ihren Schulen in Gebärdensprache und in deutscher Lautsprache unterrichtet? Bilingualer Unterricht, das haben viele Studien gezeigt, fördert Schüler am besten. Die Antwort ist so einfach wie einleuchtend: Es gibt zu wenige Pädagogen, die solchen Unterricht halten könnten. Zu wenige Gehörlose sind in pädagogischen Berufen, zu wenige wurden in der Vergangenheit so ausgebildet, dass sie als Lehrkräfte tätig sein könnten. Und viel zu wenige hörende Pädagogen haben ein Interesse daran, sich in Gebärdensprache weiterzubilden.

Elternselbsthilfegruppen raten ihren Mitgliedern: Je eher hörgeschädigte Kinder Gebärdensprache als Basissprache lernen, desto besser sind ihre Entwicklung und die Chancen auf eine erfolgreiche Zukunft als selbstbewusster Mensch. Eltern, ganz gleich ob hörend oder nicht, können mit ihrem hörgeschädigten Kind eine entspannte Kommunikation erreichen, können mit ihm genauso über Gefühle und alltägliche Sorgen sprechen, wie es Eltern von hörenden Kindern tun. Der Wortschatz des Kindes wird auf diese Weise genauso schnell aufgebaut wie bei einem hörenden Kind.

Am besten geht das über »Babyzeichen«. Bücher dazu gibt es jetzt – aus den USA und Skandinavien kommend – auch in Deutschland. Interessant ist das auch für Eltern von Kindern mit Lernschwierigkeiten oder verzögerter Sprachentwicklung. Babyzeichen können parallel zur Sprache benutzt werden. Sie symbolisieren Gegenstände, Tätigkeiten, Eigenschaften aus dem Babyalltag. Das Kind lernt auf diese Weise, sich schneller verständlich zu machen. Eltern gehörloser Kinder sollten natürlich zusätzlich selbst so früh wie möglich DGS lernen.

Gehörlose fallen sich nicht ins Wort

Verblüffend ist, dass Gebärdende einander schneller verstehen als Hörende, die sich unterhalten. Dazu trägt die Beobachtung bei, dass bei den Gehörlosen strengere Kommunikationsregeln herrschen. Hörende fallen sich gern mal ins Wort, Gehörlose tun das nicht, außer wenn sie temperamentvoll streiten! Sonst lassen sie einander ausreden, selten gebärden drei Gehörlose gleichzeitig – selbst auf Partys nicht.

In diesem Zusammenhang ergibt sich die Frage: Wie unterhalten sich Gehörlose überhaupt in typischer Partysituation, wo jeder herumsteht und ein Glas in der Hand hält? Sie benutzen dann zum Gebärden nicht beide, sondern nur die dominante Hand – das ist meist die rechte. Die linke, unterstützende Hand wird nicht eingesetzt (sie hält das Glas), unterhalten kann man sich so trotzdem. Für diese Form des eingeschränkten Gebärdens gibt es einen Fachausdruck: »weak drop«, das heißt, die nicht dominante Hand fällt für eine Weile einfach aus.

Auch mit Linkshändern haben Gebärdensprachler kaum Probleme. Zwar werden die Gebärden normalerweise mit der dominanten Hand, also der rechten, ausgeführt. Unterstützt wird sie von der linken. Gebärdet ein Linkshänder quasi andersherum, weil seine dominante Hand die linke ist, können gehörlose Menschen schnell umdenken und ihm folgen. Sie merken oft nicht einmal, dass jetzt ein Linkshänder gebärdet. Für Hörende wäre es dagegen ein ziemliches Problem, würden ihre Gesprächspartner plötzlich in anderen Silben oder Satzteilfolgen zu ihnen reden.

Chöre sind visuelle Sinfonien

Mancher Hörende mag sich fragen: »Ja, worüber unterhalten sich gehörlose Menschen eigentlich? So viel erleben die doch gar nicht...«
»Ganz falsch«, so die Feststellung von Sprachwissenschaftler Steinbach: »Die Themen gehörloser Menschen sind mindestens so vielfältig
wie die der Hörenden, denn sie haben eine sehr spannende eigene
Kulturszene entwickelt. Gehörlose Menschen haben eigene politische
und kulturelle Organisationen, eigene Sportverbände und eigene Internetseiten. Es gibt Gebärdensprachfestivals, Gebärdensprachthea-
ter, Gehörlosenkulturtage und eine eigene Kunstszene. Genauso wie
Hörende haben Gehörlose eigene Witze und eine eigene Poesie.«

Um auf unsere Eingangsfrage zurückzukommen: Ja, es gibt Gehörlo-
senchöre. Die »Stimmen« in so einem Chor sind verschieden aus-
drucksstarke Gebärden. Der Gesang ist ein Gestenkonzert, eine Sinfonie für den visuellen Sinn. Das kann auch für Hörende ein starkes
Erlebnis sein.

Gebärdensprachpoesie erschließt sich Hörenden schwerer. Immer
mehr Gehörlose versuchen sich darin und bringen neue, wunderbare
Ideen ein, die zum großen Teil unmöglich in die Lautsprache zu übertragen sind. Aber selbst wenn man als Hörender wenig oder überhaupt
nichts versteht, kann man sich von der Schönheit und Dynamik der
Gebärden verzaubern lassen.

Gebärdende gebärden Dialekt

Hörende können sich das kaum vorstellen, aber Gebärdensprachler
sind tatsächlich in der Lage, zu erkennen, ob sie sich mit einem Menschen aus Dresden, Hamburg oder München unterhalten. Zwar gibt es
in der DGS keine festgeschriebene »Hochsprache«, die dem Hochdeutsch entspräche, aber es gibt bestimmte, vom allgemein Gebräuchlichen abweichende Handzeichen und Gebärden, die auf die Herkunft
des Anwenders schließen lassen. Die stärksten Unterschiede finden
sich zwischen dem Norden und dem Süden Deutschlands, aber auch

im Osten ist vieles anders. So kann man in Chemnitz Gebärden sehen, die bayerische Gebärdensprachdolmetscher mit langjähriger Erfahrung noch nie gesehen haben!

Deutlichste Erkennungszeichen für die Herkunft eines Gebärdensprachlers sind seine Gebärden für Monate und Wochentage. Da zeigen sich Tradition und Gewohnheiten. »Sonntag« zum Beispiel wird im Süden mit flach gegeneinandergelegten Händen gebärdet, eine Geste, die sich vom sonntäglichen Kirchgang herleitet. Im Norden streicht man sich für »Sonntag« mit flacher Hand mitten über den Brustkorb – um zu verdeutlichen, dass man sonntags die feinere Kleidung trägt.

Abgesehen von solchen lokalen Unterschieden – auch in der Gebärdensprache gibt es gute und schlechte Rhetoriker, Langweiler, Witzbolde und charmante Plauderer. Es gibt Schnell- und Langsamgebärdende, so wie es flotte und bedächtige Redner gibt. Kenner sehen es sofort: Manche Gebärdensprachler haben keinen schönen Gebärdenfluss, ihre Gebärden wirken abrupt. Andere gebärden elegant und ziehen so die Zuschauer in ihren Bann.

Versprechen kann man sich auch mit den Händen

In Gebärdensprachen kann man sich genauso vergebärden wie man sich in Lautsprachen versprechen kann. Die »h-Mess-Molle« von Johann Sebastian Bach, die »Verhängnisverhütung«, »Langarbeitszeitlose« und »Mich rührt der Donner« – Versprecher aller Art sind eine Wissenschaft für sich. Die Linguistin Professor Helen Leuninger hat sich so eingehend wie liebevoll damit beschäftigt (siehe das Kapitel über Versprecher). Sie wies nach, dass Versprecher nur wenig mit unserem Unterbewusstsein zu tun haben, sie funktionieren viel mehr nach klaren sprachlichen Mustern. Jede Ebene der Grammatik, Laut, Wort und Satz, kann von einem Versprecher betroffen sein. Bei Vergebärdlern (= Versprechern in der Gebärdensprache) ist das nicht anders. Handformen können falsch sein, zu früh oder zu spät oder an unkorrekter Stelle eingesetzt werden. Und es gibt immer wieder Verwechslungen. Jemand will »Arbeitsamt« gebärden, fängt aber mit

»Amt« statt mit »Arbeit« an. Diese Vorwegnahmen (Antizipation) gehören sowohl in der Lautsprache wie in der Gebärdensprache zu den häufigsten Versprechern. Ähnlich sind sich die Sprachen auch in der Rate der Verbesserungen: Etwa die Hälfte der Versprecher und Vergebärdler wird vom Verursacher gleich bemerkt und selbst korrigiert.

Stolpersteine gibt es reichlich

Ältere Gehörlose haben ihr Wissen über eine »Fremdsprache«, z. B. über lautsprachbegleitende Gebärden, vermittelt bekommen, was für viele von ihnen sehr mühsam war. Doch auch wenn junge gehörlose Menschen heute besser ausgebildet sind als ihre gehörlosen Eltern, weil sie in ihrer Muttersprache, der Gebärdensprache, lernen konnten, gibt es immer wieder unerwartete Schwierigkeiten. Bilinguale Prüflinge geraten ins Schwitzen, wenn auf ihrem Testbogen z. B. der Satz steht: »Die Frau erstand eine Bluse«. Dass »erstand« hier »kaufte« bedeutet und nichts mit »stehen« zu tun hat, erkennen sie erst auf den zweiten Blick.

Schwierigkeiten gibt es auch mit immer neuen Anglizismen, die sich in der Deutschen Gebärdensprache genauso verbreiten wie in der deutschen Lautsprache. »Flatrate«, »SMS«, »Assessment-Center« – dafür müssen ständig neue Gebärden gefunden werden. Außerdem müssen laufend Begriffe aus der Medizin, der Psychologie oder der Soziologie definiert und erklärt werden.

Fremdwörter können Fallen sein für Gehörlose, die gelernt haben, sich übers Lippenlesen und Artikulieren verständlich zu machen. Sie sprechen überdeutlich, was sie lesen, was sie aber nie richtig gehört haben: *Niveau* sprechen manche nicht »Nivo«, wie Hörende das tun, sondern sie sagen: Nive-au, *Toast* ist für sie zweisilbig: To-ast, *Power* nicht »pauer«, sondern »pover«.

Manche würden gern mal nachschlagen: Wie gebärdet man »Sozialisation«? Oder »Marokko«? Gebärden aufzuschreiben, quasi ein Lexikon der Gebärden zu erstellen, ist zwar möglich, denn es gibt Gebärdenschriften wie das »HamNoSys« (das Hamburger Notationssystem für Gebärden), doch es ist mühsam, eben weil die Gebärdensprache vierdimensional ist. Abhilfe schaffen da neuerdings Bücher und CDs, auf denen Begriffe als Bilder abgebildet oder als kleine Filme gebärdet werden. So haben die Berufsbildungswerke verschiedener Städte, an denen auch hörgeschädigte Menschen ausgebildet werden, gemeinsam ein elektronisches Lexikon erstellt, in dem Fachbegriffe für Zahntechniker, Orthopädieschuhmacher und andere Berufe durch Videosequenzen, Bilder und Texte veranschaulicht werden (www. fachgebaerdenlexikon.de).

Prima Idee: Gebärdensprache als Fremdsprache lernen

Kurse, in denen DGS gelehrt wird, sind gut besucht. Viele Teilnehmerinnen und Teilnehmer hören, dennoch wollen sie wissen, wie man sich nonverbal verständigt. Ihre Motivation ist unterschiedlich. Sie melden sich zum Kurs am Gehörlosenzentrum oder in der Volkshochschule an, weil es in der Familie oder im Freundeskreis einen gehörlosen Menschen gibt oder weil sie in der Firma mit einem gehörlosen Kollegen zusammenarbeiten und sie sich mit ihr/ihm besser verständigen möchten oder müssen. Andere Gebärdensprachschüler sagen: »Ich wollte gern eine neue Sprache lernen, aber eine, in der ich mich nicht ständig um die korrekte Aussprache kümmern muss.«

Ein Handzeichen lernen die Schüler schnell:
die Kombination der Buchstaben I, L und Y des Fingeralphabets:

I   – Faust ballen, den kleinen Finger heben
L   – Faustballen, Daumen und Zeigefinger abspreizen
Y   – Faustballen, Daumen und kleinen Finger spreizen

Abbildung 9
I love you

Warum gerade diese Buchstaben? Damit fangen die Wörter in dem Satz »I *Love* **Y**ou« an (Daumen, Zeigefinger, kleiner Finger sind gespreizt). Es ist der Solidaritätsgruß der Gehörlosen. Den dürfen natürlich auch Hörende verwenden, um ihre Sympathie auszudrücken ...

> Rund 80 000 Menschen in Deutschland sind gehörlos, 120 000 stark schwerhörig.

> Erst seit 2002 ist die Deutsche Gebärdensprache DGS in Deutschland anerkannt (Behindertengleichstellungsgesetz § 6 BGG). Das heißt u. a., gehörlose Menschen haben Anspruch auf einen Gebärdensprachdolmetschdienst bei Behörden, Polizei und Gericht, aber auch am Arbeitsplatz, z. B. bei Betriebsbesprechungen.

> Es gibt viele verschiedene Gebärdensprachen auf der Welt. So kann z. B. ein Gehörloser, der in ASL (American Sign Language) gebärdet, einen anderen Gehörlosen, der DSGS (Deutschschweizer Gebärdensprache) spricht, nicht verstehen. Wollen die beiden sich unterhalten, brauchen sie einen Gebärdendolmetscher, der ASL und DSGS beherrscht. Auf internationalen Gehörlosentreffen »radebrechen« die Teilnehmer per »international signs«. Das sind Gebärden, auf die man sich im Laufe der Zeit geeinigt hat, ohne dass es dafür Regeln gibt.

Blick in die Geschichte der Gebärdensprache

Schon **Plato, Augustinus** und **Leonardo da Vinci** berichteten über gebärdende gehörlose Personen.

Um 1550 verwendet der Mönch Pedro Ponce de León in Spanien Gebärden, um gehörlose Kinder der Adligen zu unterrichten.

1755 Gründung der ersten öffentlichen Schule für gehörlose Kinder in Paris durch Abbé Charles Michel de L'Epée.

1779 erscheint in Frankreich das erste Buch zur Gebärdensprache.

1817 wird in den USA von Thomas Hopkins Gallaudet die erste Gehörlosenschule gegründet, an der französische Gehörlosenlehrer unterrichten. Aus dieser Schule entwickelt sich die Gallaudet University, die weltweit einzige Universität für Gehörlose.

1880 setzen die »Oralisten« auf dem Mailänder Kongress der Taubstummen-Pädagogen den Beschluss durch, die Gebärdensprache, die sie »Affensprache« nennen, generell vom Unterricht zu verbannen. Unter dieser Herabwürdigung leiden die Gehörlosen bis heute.

Die Weltkriege **1914–1918** und vor allem auch die Zeit von **1933** bis **1945** mit der gezielten Verfolgung Gehörloser durch die Nazis tragen zusätzlich zur Verunsicherung und Reduzierung des gesellschaftlichen Lebens gehörloser Menschen bei.

Um 1960 belegen die Linguisten Bernard Tervoort in Europa und William Stokoe in den USA erstmals den Status einer vollwertigen Sprache für die Gebärdensprache.

Ab 1975 erleichtert der technologische Fortschritt in der Elektronik den Alltag gehörloser Menschen. Erstmals können sie z. B. mittels Schreibtelefonen das Telefonnetz nutzen.

1982 Einrichtung des Instituts für Deutsche Gebärdensprache und Kommunikation Gehörloser an der Universität Hamburg.

1985 wird in Deutschland auch in den Kreisen der gehörlosen Betroffenen selbst die bisher gering geschätzte Gebärdensprache als vollwertige Sprache erkannt. Bahnbrechend dafür sind die Arbeiten von Professor Sigmund Prillwitz, dem ersten Leiter des Instituts für Deutsche Gebärdensprache und Kommunikation Gehörloser an der Universität Hamburg.

1988 richtet das Europäische Parlament eine Empfehlung zur Anerkennung der Gebärdensprachen an seine Mitgliedstaaten.

1997 Mit dem Aufkommen des Internets erweitern sich die Informationsmöglichkeiten für Gehörlose in weitaus größerem Maße als für Hörende.
Die Internetwebseite »Taubenschlag« wird gegründet und ins Netz gestellt. Daraus entwickelt sich das bis jetzt umfangreichste Informationsportal für Gehörlose, Schwerhörige, ihre Freunde und Bezugspersonen.

2002 erfolgt mit dem Inkrafttreten des Behindertengleichstellungs-
gesetzes die rechtliche Anerkennung der Gebärdensprache in
Deutschland. In den Bundesländern sind zum Teil bereits vorher
Landesgleichstellungsgesetze verabschiedet worden. Trotzdem
bleibt noch viel zu tun, bis gehörlose Menschen in allen Lebensbereichen gleiche Bedingungen wie hörende Menschen haben.

Ein Experteninterview finden Sie unter www.dgfs.de.

Literatur zum Weiterlesen

Boyes Braem, Penny (1995): *Einführung in die Gebärdensprache und
ihre Erforschung.* Hamburg: Signum.

Sacks, Oliver (1990): *Stumme Stimmen.* Reinbek bei Hamburg:
Rowohlt.

Steinbach, Markus (2007): Gebärdensprache. In: Steinbach, Markus
u. a., *Schnittstellen der germanistischen Linguistik.* Stuttgart: Metzler,
137–185.

Weitere Literatur

Happ, Daniela und Marc-Oliver Vorköper (2006): *Deutsche
Gebärdensprache. Ein Lehr- und Arbeitsbuch.* Frankfurt/Main:
Fachhochschulverlag.

Kestner, Karin (2002): *777 Gebärden.* 3 CD-ROMs. Version 2.
Guxhagen: Verlag Karin Kestner.

Metzger, Christiane u. a. (2000/3): *Die Firma. Deutsche Gebärdensprache.* CD. Hamburg: Signum.

Strixner, Stefan und Serona Wolf (2004): *Kleines Wörterbuch der
Gebärdensprache.* Wiesbaden: Marix Verlag.

Filme

Gottes vergessene Kinder, USA 1986 (R: Randa Haines)
Im Land der Stille, F 1992 (R: Nicolas Philibert)
Jagdhunde, D 2006/07 (R: Ann-Kristin Revels)
Jenseits der Stille, D 1996 (R: Caroline Link)
Mr. Hollands Opus, USA 1995 (R: Stephen Herek)
Schützlinge (Tatort), D 2002 (R: Martin Eigler)
Stille Liebe, CH 2001 (R: Chris Schaub)
Wir sehen voneinander, D 2006 (R: Lilo Mangelsdorff)

Internetadressen

www.taubenschlag.de (das deutsche Portal für Hörgeschädigte)

www.DGSd.de (Informationen zum Gebärdensprachdolmetschen.
DGSd steht für Diplom-Gebärdensprachdolmetscher)

www.fachgebaerdenlexikon.de

www.baby-handzeichen.de

www.babyzeichen.de

Weitere Infos

Blickfang GbR, Cornelia und Holger Ruppert
Balanstraße 23, 81669 München
Tel. 089-444 29 500
Fax: 089-444 29 501
Bifon: 089-444 29 480
www.blickfang-muenchen.de
info@blickfang-muenchen.de

Deutscher Gehörlosen-Bund e. V.
Bernadottestraße 126, 22605 Hamburg
Tel: 040-460 03 62 13
Fax: 040-460 03 62 10
www.gehoerlosen-bund.de
info@gehoerlosen-bund.de

Warum aus »Ich bin ein Berliner«
immer seltener
»I am a doughnut« wird

Selbst zähe Kritiker müssen zugeben: So schlecht wie ihr Ruf sind Computer-Übersetzungssysteme schon lange nicht mehr. Was ihr Renommee offensichtlich nachhaltig beschädigt hat, sind uralte Anekdoten, wie z. B. folgende: Angeblich hat ein sehr frühes Russisch-Englisch-Übersetzungsprogramm des US-Militärs aus dem Bibelzitat: *The spirit is willing, but the flesh is weak* (»Der Geist ist willig, aber das Fleisch ist schwach«) in Russisch: »Der Wodka ist gut, aber das Steak ist schlecht« gemacht. Immer wieder gern erzählt wird auch, dass Computer den historisch so bedeutungsvollen Satz: *Ich bin ein Berliner* mit *I am a doughnut* wiedergaben. Und die Redensart *aus den Augen – aus dem Sinn* übersetzten sie nicht wie erwartet *out of sight – out of mind*, sondern *blind and stupid*, »blind und dumm« also.

Manche Menschen machen nach wie vor gern die Probe aufs Exempel und füttern, wenn sie sich amüsieren wollen, ihren Computer mit einem (meist literarischen) Text oder einem Zitat, lassen den Rechner das zuerst in eine andere Sprache übersetzen und dann zurück in die Ausgangssprache. Meist kommt Abstruses dabei heraus.

Das bekannte Kinderbuch von A. A. Milne: »Winnie the Pooh« beginnt so: *Seventy years ago a certain chubby stuffed bear came downstairs Bump, Bump, Bump, on the back of his head, behind Christopher Robin.* Der kostenlose Internet-Übersetzungsdienst Babel Fish macht daraus: Vor siebzig Jahren kam ein bestimmter chubby angefüllter Bär unten Stoß, Stoß, Stoß, auf der Rückseite seines Kopfes, hinter Christopher Robin.

Rückübersetzt wird das zu: Before seventy years a certain chubby filled bear came down impact, impact, impact, on the back of its head, behind Christopher Robin.

Warum können Computer das nicht besser? Warum sind sie trotz aller Arbeit, die Computerlinguisten rund um die Welt seit Jahrzehnten in sie stecken, keine 100-prozentig zuverlässigen Übersetzer geworden?

Dr. Kurt Eberle, Privatdozent an der Universität Heidelberg und Mitinhaber der Sprachtechnologiefirma Lingenio, meint: »Sprachen sind so komplexe Gebilde, dass es noch niemandem gelungen ist, ihre Funktionsweise vollständig und präzise zu beschreiben. Einem Computersystem alle Sprachregeln und obendrein noch den richtigen Umgang mit den Ausnahmen von diesen Regeln beizubringen, ist sehr aufwendig, wenn nicht nahezu unmöglich.«

Beim Schachspiel sind Computer Weltmeister

Texte, besonders literarische, gut und stimmig in eine andere Sprache zu übersetzen, fällt auch Menschen, die jahrelang entsprechende Studien absolviert haben, nicht leicht. Gutes Übersetzen erfordert Kreativität, Bildung, Fachkenntnisse, die perfekte Beherrschung sowohl der Quell- wie der Zielsprache. Man muss darüber hinaus ein feines Gespür für beide Sprachen haben, um z. B. auch Wortspiele, Redewendungen, Dialekte, Witz und Ironie erfassen und übertragen zu können.

Es wäre ein Wunder, aber für manche Zeitgenossen auch eine geradezu bedrohliche Vorstellung, wenn Computer eines Tages die Kunst der Sprache und des Sprechens, die höchste Kulturleistung des Menschen, tatsächlich so umfassend beherrschen würden wie wir. Ein Schock für viele war der 4 : 2-Sieg des Schachcomputers »Deep Fritz« in der Partie gegen den Weltmeister Wladimir Kramnik 2006. Das königliche Spiel, Inbegriff menschlicher Konzentration, Schläue und Taktik! Und da triumphiert eine Maschine?

Schlimm genug. Aber es drängt sich natürlich die Frage auf: Warum kann ein Schachcomputer einen Weltmeister schlagen, ein Übersetzungscomputer aber ein paar Zeilen aus »Winnie the Pooh« nicht ordentlich übersetzen?

Kurt Eberle dazu: »Man kann Schachspielen und Übersetzen nicht vergleichen. Schach hat im Vergleich zur Sprache extrem wenige Regeln – und die gelten immer. Bei der menschlichen Kommunikation geht es um sehr viel mehr. Schon die Grammatikregeln allein sind weitaus komplexer als die Schachregeln, und Regelverstöße gehören bei der Sprache zur Tagesordnung. Deshalb hat beim Schach ein schnell rechnender Computer exzellente Chancen. Beim Übersetzen kommt es dagegen weniger auf schnelles Rechnen als auf das Erkennen und Verstehen eines Textes an.« Und mit dem Verstehen haben Computer ihre Schwierigkeiten. Was ihnen fehlt, ist Allgemeinwissen, von vielen Fachleuten auch »Weltwissen« genannt.

Oft ergibt sich der Sinn nur aus dem Zusammenhang

Alle Menschen, auch die sogenannten »ungebildeten«, verfügen über großes Allgemeinwissen, haben also Kenntnisse über die Welt und über die Gesellschaft – in der Schule gelernt, zusätzlich angelesen und erfahren, wie z. B.: Man kann mit einem Strick ziehen, aber nicht schieben. Das Geburtsdatum eines Menschen liegt immer vor seinem Todestag. Der Zustand »schwanger« bezieht sich auf Frauen. Bäume laufen nicht weg. Wenn jemand sagt: »Der Hund des Nachbarn ließ mich heute Nacht nicht schlafen!«, dann nehmen die Zuhörer an, dass das am Bellen lag, weil sie wissen, Hunde bellen nachts – und das stört!

Fachleute vermuten, dass etwa 30 bis 50 Millionen dieser Art von »Tatsachen« zum menschlichen Allgemeinwissen gehören, wobei das Allgemeinwissen je nach Kulturkreis variiert. Will man beispielsweise den Eskimos das Bibelwort: *Der Mensch lebt nicht vom Brot allein* nahebringen, so werden sie der Übersetzung ratlos gegenüberstehen, weil sie selbst kaum Brot essen ...

Auch nur den plausibelsten Teil des Weltwissens in ein Computerpro-
gramm zu schreiben, ist eine kaum lösbare Aufgabe. »Deshalb«, so
Kurt Eberle, »konzentrieren sich die meisten Hersteller maschineller
Übersetzungssysteme darauf, ausschließlich technische Texte immer
kompetenter zu übersetzen. Dafür braucht man eine gute Terminolo-
gie und Wissen über die Verwendungsweise der Fachausdrücke. Das
kann man dem Computer beibringen. Zum Verstehen und Übersetzen
von literarischen Texten mit Witz, Ironie und Stil aber gehört viel mehr,
das ist maschinell einfach nicht erfassbar.«

Obendrein gibt es zu allem Unglück für Computersysteme und ihre
Programmierer lange, verschachtelte Sätze, literarische Bandwürmer.
Der längste Satz von Thomas Mann umfasst angeblich 347 Wörter und
steht in »Joseph und seine Brüder«! Laut Guinness-Buch der Rekorde
ist der umfangreichste englischsprachige Satz 1 300 Wörter lang. Zu
finden in William Faulkners Roman: »Absalom, Absalom!« Die Kon-
zentrierung auf technische Texte ist daher sehr weise.

Der Bedarf an Übersetzungen wächst ständig

»Wenn man mal eingesehen hat, dass Computer bestimmte Texte nie
so gut werden übersetzen können wie ein dafür ausgebildeter Mensch«,
sagt Dr. Eberle, »dann können wir mit dem Erreichten ganz zufrieden
sein. Computer sind zu unverzichtbaren Helfern beim Übersetzen
geworden, vor allem durch ihre Geschwindigkeit und ihre Speicherka-
pazitäten.« Man ist dem alten Menschheitstraum, möglichst umge-
hend zu wissen, was in einer anderen Sprache gesprochen oder geschrieben worden ist, also doch erheblich näher gekommen.

Besonders interessiert an maschineller Übersetzung (kurz: MÜ oder
MT – für Machine Translation) war und ist das Militär. Zu erfahren, was
der Feind plant, abgefangene Botschaften sofort entschlüsseln zu können, das ist ein kräftiger Ansporn für weitere Forschungen. Hochaktu-
ell sind im Zeichen der Terrorabwehr maschinelle Übersetzungssysteme für Sprachen wie Urdu, Farsi, Paschto, Arabisch. Aber auch in der
friedlichen Politik, zum Beispiel in Gremien der Europäischen Union
und der Vereinten Nationen, ist der Bedarf an Übersetzungen riesen-

groß. In der EU zum Beispiel müssen Parlamentsreden und Rechtsvorschriften in 23 Amtssprachen übersetzt werden. Die EU-Kommission allein beschäftigt 1750 Vollzeitübersetzer, die jährlich mehr als 1,5 Millionen Seiten Text bearbeiten.

Es wird geschätzt, dass sich weltweit pro Jahr die Menge der Übersetzungen mindestens vervierfacht. Denn auch die Wirtschaft braucht Übersetzungen: So gut wie kein Industrieprodukt lässt sich exportieren, wenn ihm nicht umfängliche Dokumentationen in den Sprachen der Importländer mit auf den Weg gegeben werden. Über zwei Milliarden Seiten dieser »Gebrauchsprosa« müssen weltweit jährlich übersetzt werden, und die Menge wächst ständig.

Natürlich zieht auch der Privatmensch Übersetzungssysteme gern zurate, um möglichst schnell und umkompliziert die wesentlichen Inhalte von Textdokumenten, E-Mails oder Internetseiten zu verstehen.

Der erste Schritt ist, Sätze präzise in ihre Bestandteile zu zerlegen

So unterschiedlich die Nutzanwendungen maschineller Übersetzungen sind, so unterschiedlich sind natürlich auch die Angebote. Bei der kostenfreien Übersetzung im Internet geht es um schnelle, aber ungefähre Wortfindungen – nichts für Anspruchsvolle. Kostenpflichtige und auf das Fachvokabular einer Firma maßgeschneiderte Programme sind wesentlich ausgefeilter und damit auch *in fehlerfreierer Weise* zu Diensten. (Zugegeben, *fehlerfrei* ist eigentlich nicht zu steigern, aber hier passt der Komparativ gut – zur Demonstration.)

Denn: Wie funktionieren Übersetzungssysteme überhaupt? Welches sind die größten Schwierigkeiten, die ihre Programmierer mit ihnen haben? Um z. B. den Begriff *in fehlerfreierer Weise* übersetzen zu können, muss ein Computer in der ihm vorgelegten Formulierung zunächst aus dem Buchstabengemisch die einzelnen Wörter herausfiltern können: Ist *fehlerfreierer* eine Ableitung von *Fehler* oder *freier* oder *Ei* oder *frei?*, dann muss er die Syntax, also den Satzbau, erkennen. Ist *Weise* das Subjekt? Oder Teil einer adverbialen Bestimmung?

Was man braucht, sind – stark vereinfacht gesagt:

> ❭ ein elektronisches Wörterbuch, das die Wörter in der Quell-
> oder Ausgangssprache und in der Zielsprache enthält, definiert
> und klug aufeinander bezieht,

> ❭ einen Parser. Das ist ein Computerprogramm, das den zu
> übersetzenden Satz so in seine Bestandteile zerlegt, dass sie
> erkannt und weiterverarbeitet werden können. Seinen Namen
> hat der Parser von lateinisch *pars* »Teil«. Englisch heißt *to parse*
> »analysieren«. Deutsch nennt man einen Parser auch *Zerteiler*.

Vorstellen kann man sich das so: Angenommen, der Satz:

Der kleine Hund in dem verwilderten Garten sah die graue Katze

soll übersetzt werden. Dann zerlegt das Parserprogramm den Quell-
sprachensatz in mundgerechte Stücke zur Übersetzung in den Zieltext.
Jedes Wort wird genau definiert:

Der (bestimmter Artikel, Maskulinum, Singular, Nominativ)
kleine (Adjektiv, Maskulinum, Nominativ)
Hund (Substantiv, Makulinum, Nominativ, Subjekt)
in (Präposition)
dem (bestimmter Artikel, Maskulinum, Dativ)
verwilderten (Adjektiv, Maskulinum, Dativ)
Garten (Substantiv, Maskulinum, Dativ)
sah (Verb, 3. Person, Imperfekt)
die (bestimmter Artikel, Femininum, Singular, Akkusativ)
graue (Adjektiv, Femininum, Akkusativ)
Katze (Substantiv, Femininum, Singular, Akkusativ, Objekt)

Angereichert mit diesen Informationen zum Satzbau, zur Wortart und
zur Morphologie, also der Definition allerkleinster Wortbestandteile,
wird der Satz dem System präsentiert. Das übersetzt zunächst Begriff
für Begriff mithilfe des elektronischen Wörterbuchs, erkundet dann
die Architektur des Satzes, beginnt also mit der syntaktischen Analyse.
Ist der Bauplan erkannt, kann grammatisch richtig übersetzt werden.

Der Vorgang klingt einfach, ist jedoch sehr kompliziert. Denn ein Übersetzungsprogramm muss die Grammatik genau beherrschen. Jedem Wort und jeder Wortgruppe muss die passende Rolle im Satz zugeordnet werden, und dabei muss sehr genau darauf geachtet werden, welche Kombinationen wahrscheinlich, möglich oder ausgeschlossen sind. Die Genauigkeit dieser Regeln ist entscheidend für die Qualität der Übersetzung. Linguist(inn)en erdenken und erproben deshalb unterschiedliche und immer ausgefeiltere Transfersysteme, um so schnell und so präzise wie möglich von der Ausgangssprache zur Zielsprache zu kommen.

Fehlerquellen gibt es reichlich

Die offensichtlichsten Probleme, die Übersetzungssysteme haben, sind z. B.:

> **missverständliche Sätze.** *Der Mann sah die Frau mit dem Fernglas.* Da ist nicht klar, wer das Fernglas hat. Der Mann? Die Frau? Damit das System genau übersetzen kann, muss es über den Sinn des Textes genau instruiert werden. *Die Kundin wollte das Kleid im Schaufenster anprobieren.* Wirklich? Oder: *Briefträger beißen Hunde selten.* Erfährt das Übersetzungssystem nicht, wer in diesem Satz Subjekt und wer Objekt ist, übersetzt es sowohl *Dogs seldom bite postmen* als auch *Postmen seldom bite dogs.*

> **mehrdeutige Wörter.** Taucht mitten im Text auf: *Die Frau lief schnell auf die Bank zu*, dann weiß der Computer nicht, ob es sich um eine Sitzgelegenheit oder um ein Geldinstitut handelt. Ein menschlicher Übersetzer wüsste es, denn er erinnert sich, dass ein paar Sätze vorher erwähnt wurde, wie die Frau durch einen Park ging. Oder: *Der Mann klagte, sein Stuhl sei zu hart.* Sitzmöbel oder Verdauung – worum geht es wohl?

Ein System für die maschinelle Übersetzung von Texten müsste also imstande sein, den Informationsgehalt von eingelesenen Sätzen herauszufiltern und intern abzulegen. Das wird bereits gemacht, aber in Grenzen, sonst würden unüberschaubar große, komplexe und teure Modelle entstehen. Und ob dann das System wirklich den richtigen Gedanken hinter der Formulierung erkennt, ist weiterhin fraglich.

> **zusammengesetzte Wörter.** Im Deutschen gibt es besonders viele davon. Kleine Kostprobe? *Nachschlagewerk, Haltbarkeits-verfallsdatum, Zahnersatzzusatzversicherung* oder das bestaunenswerte *Verkehrswegeplanbeschleunigungsgesetz.* Gute Systeme, denen umfangreicher Fachwortschatz zugeladen wurde, können damit etwas anfangen und übersetzen korrekt, andere aber nicht. Da wird aus einer *Mädchenhandelsschule* statt einer *business school for girls* eventuell auch die *school for trading girls.*

> **unterschiedliche Satzstrukturen der Sprachen.** *Liza is easy to work with* darf eben nicht mit *Liza ist leicht mit zu arbeiten* übersetzt werden, sondern mit: **Es** *ist leicht, mit Liza zu arbeiten.* Dafür muss das Übersetzungssystem eine andere Syntax (Satzbau) finden.

Auch wenn die Systeme nach unterschiedlichen Transfermethoden arbeiten – eins steht fest: Ohne den Einsatz eines Menschen als Korrektor oder Editor kommen die meisten nicht aus. Ein »Humantranslator« sollte dem Computer über die Schultern schauen, um Missverständnisse und Fehler zu vermeiden. Maschinelle Übersetzungssoftware bringt also niemanden um Lohn und Brot! Sie hat sich aber als Werkzeug für den menschlichen Übersetzer unentbehrlich gemacht, indem sie blitzschnell Vokabeln heraussucht und Vorschläge präsentiert. Den letzten Schliff aber gibt bei kniffligen Fragen stets der Mensch.

25 Wörter pro Satz sind optimal

Die Texte brauchen aber nicht nur nach der Übersetzung eine menschliche Überarbeitung *(post-editing);* auch ein *pre-editing* tut ihnen gut. Denn je kürzer und unmissverständlicher ein Text verfasst wird, umso besser stehen die Chancen für eine gute Übersetzung. Wer schreibt, sollte Folgendes bedenken:

> Sätze sollten nicht mehr als rund 25 Wörter enthalten und nicht verschachtelt sein.

> Die korrekte Rechtschreibung ist wichtig. Schon kleine Tippfehler *(Hase* statt *Hose)* oder ein vergessener Buchstabe *(lsen* statt *lesen)* bringen das System durcheinander.

> Kommaregeln sind auch im Computerzeitalter nicht überflüssig. Sie müssen eingehalten werden, sonst drohen Missverständnisse.

> Absatzmarken im Fließtext geben dem System Rätsel auf. So wird aus dem Satz: *»This is a permanent/error«* die schöne Feststellung: *»Dies ist eine Dauerwelle/Fehler«.*

> Wichtig ist, eindeutige Wörter zu wählen. Ist mit *Kiefer* der Baum oder der Kinnknochen gemeint? Solche Fragen können den Computer zu Falschaussagen verleiten.

> Zusammengesetzte Wörter sollte man, wenn sie denn sein müssen, durch einen Bindestrich erkennbarer machen: *Zahnersatz-Zusatzversicherung.*

> Sogenannte Ellipsen, d. h. Aussparungen von sprachlichen Elementen, sind zu vermeiden. Statt: *Sie hatte gefragt, aber keine Antwort erhalten* lieber *Sie hatte gefragt, aber sie hatte keine Antwort erhalten.*

Alan Alexander Milne, 1882 in London geboren und 1956 dort gestorben, hatte logischerweise keine Ahnung von diesen gut gemeinten Ratschlägen. So schrieb er »Winnie The Pooh«, wie er mochte: verschachtelt und mit Lautmalereien – ohne zu ahnen, dass sein Buch für Kinder Jahrzehnte später eine Spielerei für Computerlinguisten werden könnte.

Bei dem genialen Übersetzer Harry Rowohlt (sicher ohne Computer) klingt Poohs erster Auftritt so: *Hier kommt nun Eduard Bär die Treppe herunter, rumpeldipumpel, auf dem Hinterkopf, hinter Christopher Robin.* – Alles andere als wörtlich, die *seventy years ago* tauchen überhaupt nicht auf, sind auch nicht wichtig, denn ohne sie wirkt der Text aktuell und frisch und der Leser fühlt sich in der Geschichte gleich zu Hause und liest gern weiter. So soll es bei einem solchen Text sein!

Auch mündlich will man sich spontan und direkt in Fremdsprachen verständigen können

Politik, Wirtschaft und Privatmenschen wünschen sich nicht nur schnelle und gute schriftliche Übersetzungen, sondern auch mündliche, z.B. um sich spontan mit einem Geschäftsfreund in fremder Zunge zu verabreden. Tatsächlich sitzen unermüdliche Computerlinguisten und Informatiker an der Sisyphusarbeit, Rechnern das Erkennen und Verstehen gesprochener Sprache beizubringen. Die Schwierigkeiten dabei sind noch größer als bei maschineller Übersetzung von Texten.

Eine Riesenhürde steht gleich am Anfang. Bevor das Programm überhaupt mit dem Übersetzen beginnen kann, muss es aus dem Redefluss die einzelnen Wörter identifizieren. Nun kennt gesprochene Sprache keine Interpunktion. Betonung und winzige Pausen ersetzen Punkt und Komma. Frei formulierte Alltagssprache, also kein vorformulierter, vorgelesener Text, enthält zudem jede Menge »ähs«, häufiges Räuspern, viele abgebrochene Sätze und Einschübe. Ein zusätzliches Problem stellen Dialekte dar. So ist bei vielen Sprechern aus dem Saarland und der Pfalz in der Äußerung »Ich finde das nätt« rein akustisch »nett« kaum von »nicht« zu unterscheiden. Auch ein menschlicher Dialogpartner kann in diesem Fall nur durch Einbeziehung des Kontextes und der Betonung ermitteln, ob der Satz als Zustimmung oder als Ausdruck einer ergebnislosen Suche gemeint ist.

Trotz der zu erwartenden Schwierigkeiten machten sich Wissenschaftler ans Werk. »Verbmobil« hieß ihr Baby, ein von BMBF (Bundesministerium für Bildung und Forschung) von 1993 bis 2000 gefördertes Projekt. Es hatte das Ziel, Unterhaltungen zwischen Deutschen, Japanern und Englisch sprechenden Partnern zu ermöglichen. Um die ambitionierte Aufgabe einzugrenzen, konzentrierte man sich in »Verbmobil« auf die Übersetzung von Dialogen in bestimmten Bereichen wie etwa Termin- und Reiseplanung oder Hotelreservierung.

Durch Kombination von statistischen und linguistischen Verfahren wurde »Verbmobil« immerhin so fehlertolerant und robust, dass das Übersetzen einfacher Dialoge via Kopfhörer funktionierte. Angenommen, ein Sprecher sagt: »Ja, ich weil also würde mal sagen äh vorschlagen, wir könnten uns am äh 4. treffen so im Juli«, so würde dieser Satz von »Verbmobil« vermutlich kurz und bündig mit »How about the fourth of July?« übersetzt werden.

Dennoch war diesem Dolmetschsystem keine große Zukunft beschert. Dr. Kurt Eberle fasst zusammen: »Aus dem eigentlichen ›Verbmobil‹ ist im Sinne einer kommerziellen Anwendung bisher wenig entstanden. Unabhängig von ›Verbmobil‹ wurde von unserer Gruppe schon 1996, noch von IBM aus, das erste und – soweit ich weiß – das bisher einzige Projekt zur Übersetzung von gesprochener Sprache »talk & translate« zusammen mit unserem damaligen Vermarkter Linguatec herausgebracht. Dass es das einzige Produkt blieb, macht deutlich, wie groß die Schwierigkeiten beim Übersetzen gesprochener Sprache sind.«

Der Verbmobil-Forschungsprototyp ist heute Exponat im Demonstrationszentrum für Sprachtechnologie im DFKI (Deutsches Forschungszentrum für Künstliche Intelligenz) in Saarbrücken.

Haupteinsatzgebiet ist der Tourismus

Die sogenannten »Speech-to-Speech-Systeme«, zu denen »talk & translate« gehört, verbinden drei Kerntechnologien der Computerlinguistik: Mithilfe der Spracherkennung wird Gesprochenes zunächst in Text verwandelt. Ein Übersetzungsprogramm überträgt diesen Text dann vom Deutschen ins Englische bzw. vom Englischen ins Deutsche. Diese Übersetzung wird schließlich vom Sprachausgabemodul als gesprochener Text ausgegeben. Der Satz kann bereits wenige Augenblicke nach der Spracheingabe in seiner Übersetzung angehört werden. Einsatzgebiet von »talk & translate« ist in erster Linie der Bereich Tourismus. Reisende mit geringen Englisch- bzw. Deutschkenntnissen ersparen sich mit »talk & translate« bei Hotelbuchungen, Bestellungen oder Wegbeschreibungen das Nachschlagen in Wörterbüchern und Unsicherheiten bei der Aussprache.

Der Traum vom schnellen Überwinden der Sprachbarrieren hat sich noch nicht ganz erfüllt. Für Computerlinguisten und Informatiker bleibt allerhand zu tun, um auf technischem Weg Computern nicht nur mehr künstliche Intelligenz und Weltwissen, sondern auch so etwas wie Intuition und obendrein ein feines Gehör beizubringen.

Blick in die Geschichte der maschinellen Übersetzung

Descartes **(1596–1650)** und Leibniz **(1646–1716)** beschäftigten sich bereits mit der Idee der maschinellen Übersetzung. Sie arbeiteten an Wörterbüchern auf der Grundlage eines universellen Zahlencodes.

1661 entwarf Johann J. Becher, Wirtschaftstheoretiker und Alchemist, in seinem Buch »Character pro Notitia Linguarum Universali« eine numerisch repräsentierte Allgemeinsprache.

1933 entwickelt der Frankoarmenier George Artsruni eine Speichervorrichtung auf Papierband, mit der für ein beliebiges Wort die Entsprechung in einer anderen Sprache aufgefunden werden kann. Er meldet seine Idee zum Patent an.

1947 bemühen sich Warren Weaver von der Rockefeller Foundation und Andrew D. Booth, ein britischer Kristallograf, Computer für die automatische Übersetzung einzusetzen. Booth erforscht die Mechanisierung eines zweisprachigen Wörterbuchs und initiiert die Zusammenarbeit mit Richard H. Richens (Cambridge), der bereits unabhängig davon Lochkarten für die Erstellung von groben Wort-für-Wort-Übersetzungen wissenschaftlicher Texte verwendet hat. Auch am Massachusetts Institute of Technology (MIT), an der Washington University (Seattle) und an der University of California beginnen Forschungsarbeiten zu MÜ.

1951 wird am MIT der erste Forscher ernannt, der sich hauptamtlich mit MÜ beschäftigt: Yehoshua Bar Hillel.

1952 ruft er die erste MÜ-Konferenz zusammen. Es zeigt sich, dass langfristige Grundlagenforschung nötig ist und es ohne menschliche Intervention nicht geht. Zwar entstehen ab **1954** erste operable Systeme, sie halten den Erwartungen aber nicht stand.

Ab 1966 nehmen neue Forschergruppen die Arbeit wieder auf. **1970** wird das Übersetzungssystem »Systran« bei der US-Air-Force installiert, **1976** bei der EU eingesetzt.

Seit den 80er-Jahren gibt es immer ausgefeiltere Systeme. **Ab Mitte der 90er-Jahre** beschäftigen sich Projekte wie »Verbmobil« auch mit dem Übersetzen gesprochener Sprache. MÜ wird nun auch für Onlineübersetzungen im Internet eingesetzt, z.B. bei Google und Babelfish.

Ein Experteninterview finden Sie unter www.dgfs.de.

Literatur zum Weiterlesen

Arnold, Doug u.a. (1993): *Machine Translation: an Introductory Guide*. London: Blackwell.

Carstensen, Kai-Uwe u.a. (2001): *Computerlinguistik und Sprachtechnologie. Eine Einführung*. Heidelberg: Spektrum Akademischer Verlag. (http://www.ifi.unizh.ch/CL/CLBuch/)

Internetadressen

http://www.cl.uni-bremen.de/Resources/cl-materialien.html